黒川伊保子

JN179717

夫のトリセツ

講談社＋α新書
プラスアルファ

はじめに
～夫とは「そういう脳」の持ち主なのである

『妻のトリセツ』から1年、『夫のトリセツ』をやっとお届けできます。

この本を待望してくれたのは、主に『妻のトリセツ』ファンの男性たち。自分たちが妻に対する無理解を心から反省したので、妻にもぜひ、というわけだ。

妻たちが反省するかどうかはわからないが、目からウロコの男性脳の生態を書き尽くしたつもり。夫も妻も、読んでみれば、きっと、胸のつかえがおりるはず。

夫に対し、「思いやりがない」「話が通じない」「わかってくれない」「とにかく苛立つ」「一緒にいる意味がない」「子どもが巣立った後、夫婦二人になるのが怖い」。3日以内に、そのうちのどれかを感じた方は、今すぐこの本を読んでほしい。

その不満が、濡《ぬ》れ衣《ぎぬ》である可能性があるからだ。

彼のひどい一言や、気が利かない態度が、愛情の欠如でもなく、彼自身の個性でもなく、男らしさの副産物だとしたら？

男は、愛する人を危険から守ろうとするあまり、いきなり、相手の欠点を口にする。女は、今日一日のひどい経験のあれやこれやを優しく聞いてもらって、なぐさめてもらいたいだけなのに、「君も、そこ悪いよな」「嫌ならやめればいいじゃん」とくさしてくる。あれは、男性脳の愛と誠意なのである。

「そういう脳」とわかれば、案外、優しくて誠実な夫だと判明するかも。「そういう脳」の使い方さえマスターすれば、意外に使い勝手のいい、優しい夫に変えられるかも。

中には、本当に怠惰で邪悪な夫もいるかもしれないが、多くの場合、一度、試してみる価値はある。

なぜなら、相手を替えても、同じ結果になる可能性は高いからだ。いつか、「男とはそういうもの」と受け入れないといけないのだとしたら、今の男で、それを試してみればいい。

本文に詳しく述べるが、女性脳の生殖戦略は、意外に残酷だ。生殖（生存と繁殖）のために、動物の脳は動いている。繁殖するためには、できるだけ免疫力の高い相手をゲットして（実は見た目の魅力は、免疫力の高さに比例している）、かつ、できるだけたくさんの遺伝子の組み合わせを残す必要がある。このため、動物としての本能は、一人の異性に人生を捧げる気はまったくないのである。

哺乳類のメスは、妊娠・授乳・子育て期に守ってもらわなければならないので、一定期間、一個体のオスにロックオンするのだが、子育てが一段落すると、脳は「もっと免疫力の高い男を探そうよ、この目の前の男はダメだよ」と囁くようになる。

こうなると、目の前の男が、癇に障るようになる。惚れたときには美点だったところまで、すべて欠点に見えてくるのである。

人として誠実であるということは、この女性脳の罠を乗り越えていくということだ。

さて、あなたも、その罠にはまってはいないだろうか。

繁殖力の高い女性ほど、本能が強く働く。そういう女性ほど美しく、魅力的だ。当然、モテる。脳の機能性から言えば、多様な遺伝子の組み合わせを作ろうとするほうが自然だと、私は思う。最初の結婚を貫けないことも、婚外の恋愛をすることも、脳の研究者として、私はなんら不実だとは思わない。

なのに、なぜ、私が、幾多の脳の罠を乗り越えて、最初の結婚を貫いているかというと、家族という単位がとても大切だからだ。息子がのびのびと大人になる家、およめちゃんが屈託なく甘えてくれる家。かけがえがないと思っている。

もちろん、血のつながりのない父親と息子が親友になり、離婚した夫婦が共に孫をかわいがることも可能なのだろうけれど、そんな「ハイブリッド家族」は、下町の古風な家に住む不器用な私にはとても難しい道で、我が家の息子で試してみる勇気はなかった。

恋に生きるもよし、家族を守り抜くのもよし（ときには、ちょっとした秘密を胸に潜めながら）、朗らかにハイブリッド家族を作り上げるのもよし。女の人生は女が決めればいい。

そして、「一人の男と、一生を生きる」と決めた場合。

それは、脳が本能に逆らいながら生きていくということだ。脳が「よりよい遺伝子の持ち主を探そうよ。直近の生殖相手はダメ男だよ」と囁くのに耳をふさいで。

もちろん、人間は本能だけで恋をするわけじゃないから、誠実な夫を愛し続けることはできる。

ただ、必要以上に腹が立つ、という事態は避けられない。本能という制御不可能な場所で起こることだからだ。

というわけで、「腹立たしくても、この人と生きる」と決めた方に、この本を贈りたい。

夫への怒りは、大半は濡れ衣である。一つは、今述べたように「よりよい相手」を探そうとする女性脳の罠にはまっているから。もう一つは、男性脳のありようを知らないために起こる誤解。前者は本能なので避けられないが、後者は知ることでなんとかできる。

男性脳は、知れば知るほど、不器用で一途で、愛おしい。

人生１００年時代、下手すると、夫婦は70年も一緒に暮らす。夫婦が共に仲良く暮らすためのテクニックや哲学を、人類はもっと研究しなければいけないような気がする。「夫婦学」があっていい。

その学術領域の成立を待っていられないから、とりあえず、人工知能の研究者が書く「夫のトリセツ」を、ここにお届けする。ちなみに、トリセツとは「取扱説明書」の略語。エンジニア時代に使っていた用語だが、響きがいいので採用した。

人工知能の設計をしていて、気がついた男性脳の取り扱い方。これが案外、夫婦の安寧をもたらす。「腹立たしい夫」が「案外いい夫」に変わる本、になるかもしれない。

まぁ、ためしに読んでみて。

夫のトリセツ◉もくじ

第2章　使えない夫を「気の利く夫」に変える方法

第3章　ひどい夫を「優しい夫」に変える方法

第4章　脳とは、かくも厄介なものである

第1章

神は、夫婦を別れさせようとしている

我が家の夫は、私の話を優しく聞いてくれる。

なぜなら、私が、最初に言ってあげるからだ。「今日、私に起こった悲しい出来事を話してあげるね。あなたがするのは、優しい共感。わかった？」

何度かこれをしたら定着し、今は、暗黙の了解で、共感とねぎらいで話を聞いてくれている。

すべて夫が悪い？

以前は、むっつり聞いていて、いきなり否定してくる人だった。

「私があの人にこう言ったらさぁ、こんなこと言われて、いやぁな感じがしたのよ」と言ったとき、夫が「そりゃ、ひどいね」と共感してくれること、「よく頑張ったね」とねぎらってくれること、「君は、ぜんぜん悪くないよ」となぐさめてくれること。これが妻の、当然の期待じゃないだろうか。

しかし、我が家の夫は、表情を変えもせず、「君もさぁ、その口の利き方、ちょっとな」というふうに返してくる。おそらく、恋愛時代は、それがクールで知的に思えてしまったんだろうなぁ。

PTAの愚痴《ぐち》を言えば、「嫌なら、やめればいいじゃん」「そんなこと言うくらいなら、なんで、役員なんか引き受けたんだ？」。

ほんっと、目から火が出るほど、腹が立つ。「君一人に任せてごめん」「君がキレイなうえに、デキる女だから、嫉妬されてるんじゃないかなぁ」ぐらい言ってみろ！

こういうことが度重なれば、夫は、わかってくれないひどい人、ということになってしまう。優しさも誠実さもない、ということに。

恋人時代なら、「ひどい」となじって、喧嘩して謝ってもらい、抱き合って「めでたし、めでたし」という展開もあるけれど、女性脳の本能の罠で、子育てが始まったら、ときめきは風前の灯。そんなときに、こんな会話が度重なったら、夫婦の心は離れてしまう。

男もつらいよ

子育てと家事（働く主婦はそれに仕事）に追い詰められて、夫の優しいことばと差しのべられる手を切に待ち望んでいる妻にとっては、愚痴に共感してくれず、「今日何してたの？」「おかず、これだけ？」と聞いてくる夫なんて、ひどすぎる。

しかし、男性のほうも、戸惑っているのだ。子どもが生まれるまでは、「優しくして」と甘えてくれた妻が、急に厳しくなる。「何怒ってるの？」と尋ねたら、「私が怒ってる理由がわからないのがアウト！」とキレられる。

「子どもが生まれる前、家庭は天国でした。なのに、地獄に変わってしまった。家に帰るのが本当にストレスで、子どもに会えることだけが心の支えでした」と始まるメールをいただいたことがあった。妻には「一緒の空気を吸うのも嫌」と言われていたのだそう。しかし、『妻のトリセツ』を読んで、対話の仕方を変えたら、妻が天使に戻った。

「昨日、子どもの寝顔を眺めながら妻が、この子が早く大きくなって、二人で食事に行ったり旅行に行ったりしたいわね、と言ってくれました」とつづられていた。

夫から見たら、天使のような妻が、地獄の主に変わってしまう。夫はショックを受けたのだろうが、妻もまた、深く傷ついていたに違いない。妻だって、地獄に落とされたと感じていたはずだ。

なのに、ことば一つで、二人は誠実な愛を取り戻せたのである。

もちろん、夫に『妻のトリセツ』を読ませる、というのが最有効手段だが、妻も、自分の脳のありようと、夫の脳を知っておいたほうがいいに決まってる。妻側からも誘導してあげられれば、夫も間違わないし、なにより、自分でそれができる女は、すべての男性を手のひらに乗せられる。「基本、腹が立つように仕向けられている」夫を操縦できたら、職場の上司も、思春期の息子もなんのことはない。

というわけで、なぜ夫は、妻を地獄に落とすのか。どうしたら、家庭を天国にしておけるのか、が、この本のテーマである。

この章では、なぜ夫はひどいのか（正確には、なぜ妻は、夫をひどいと感じるのか）について語ろうと思う。

恋は永遠じゃない

妻を地獄に落とすのは、多くの場合、夫ではない。

妻の脳の生殖戦略なのである。

女性脳の生殖戦略は、意外に残酷だ。もちろん、すべての女性が、百パーセント本能に従っているわけじゃないが、その基本戦略は次の通り。

動物は、異性の見た目、声、匂いなどから、遺伝子のありようを見抜く。そうして、免疫力が高いか、遺伝子相性のいい相手に惚れて、遺伝子をゲットしようとする。哺乳類のメスの場合、生殖リスクが高いので（身ごもって産み出し授乳するのは、時間がかかるし命がけ）、相手を厳選して、発情する。これが恋の正体。

しかし、一定期間は相手に夢中なのだけれど、妊娠しないで時が経てば、その「あばたもえくぼ」期間を脱してしまう。妊娠に至らない相手に一生ロックオンしていると、生殖機会を失う危険性が高いからだ。後頭部のぴょこんと立った寝癖がカワイイ、と思っていたのに、ある日、「なんで、きちんとできないの、この人は」と腹が立つ。「優しい」が「優柔不断」に、「頼もしい」が「自分勝手」に変わるときがくる。そして、興味がなくなる。恋は永遠じゃないのである。

妊娠して、無事出産すれば、相手への執着は強くなる。ただし、執着の仕方が変わる。恋の相手から、資源を提供すべき者に変わるのである。子どもを無事に育て上げるためには、搾取すべき相手からは徹底して搾取する、という戦略を取ったほうが、子どもの生存可能性が上がるからだ。

残酷な母性

ということで、子を持った妻は、夫の労力、意識（気持ち）、時間、お金のすべてをすみやかに提供してほしいという本能に駆られる。子どもには徹底して優しいが、夫には厳しい。これこそが、本当の母性本能である。

世の男性たちは、母性とは、ひたすら優しく穏やかなものだと思い込んでいる。なんなら、自分も子どものように甘えられると思っている。とんでもない。母性とは、子どもを育て抜くための生き残り戦略だ。当然、大人の男に対しては、苛立ち、厳しくなる。妻たちは、命がけで「母」を生きている。母性を美化されても、迷惑なだけだ。

夫は、まろやかな身体になって、子どもに甘い声を出している妻の傍らにいると、うっかり子ども時代の気持ちになって、のほほんとくつろいでしまう。

一方、妻のほうは、そんな夫を許せない。子どものおむつを替えていて、子どもがごろんと寝返りを打ったためにお尻拭きが取れない……！　そんな事態に、傍らでぼんやりしている夫に、目から火が出るほど腹が立つのは（ボーっと生きてんじゃねーよ！）、母性のせいだ。子どもを産む前だったら、「取って～」と甘えて、事なきを得たはずなのに。

男が変わったわけじゃない。多くの場合、女の脳のほうが、男の見方を変えているのである。

女性脳の罠

夫婦の危機はまだまだ続く。

やがて、子どもが自分の足で歩くようになると、脳は、「次の生殖相手」を探す気満々になる。生物の生きる目的の第一義は「繁殖」だからだ。よりよい遺伝子を求めて、脳はあくなき人生の旅をしている。

直近の繁殖相手よりいい遺伝子を、脳は求めてしまう。より免疫力の高い個体を。なぜなら、それこそがシステム論上、最も有効な繁殖手段だからだ。

厄介なのは、女性脳の場合、それが浮気心として表出しないこと。とにかく「直近の生殖相手」に腹が立って、イラついて仕方ない事態を経て、それを起爆剤にして、次の相手へのスイッチを入れようとすることだ。このため、女性は「悪いのはこの人。私じゃない」と思い込む。

竹内久美子氏の『女は男の指を見る』（新潮新書）に、ツバメの浮気の話が出てくる。ツバメのメスは、尾羽《おばね》の長いオスに惚れる。実は、尾羽の長いオスほど、免疫力が高いのだそうだ。尾羽の長さは、成長期にダニや細菌に負けなかった証拠。このため、左右対称性も高く、見た目がしゅっとしてカッコイイ（人間が見ても）。

ツバメのメスは、必ず、つがいのオスより尾羽の長いオスと浮気をするそうだ。より高い免疫力のヒナを産もうとして。ツバメは、巣作りが難しく、オスメスの阿吽《あうん》の呼吸が不可欠。このため、つがいを壊しはしないが、オスもメスも浮気して、繁殖を実現している。

ただ、そのエリアで最も尾羽の長いオスのつがいのメスは浮気しないのだそうだ。免疫力最強の夫を持っていると、浮気する理由が希薄らしい。とはいえ、加齢と共に弱ってくれば、きっと若い個体にはかなわない。

動物の生殖戦略なんて、人間界の道徳に照らしてみれば、本当に残酷でタフなものなのである。

人類の女性も、健全ならば健全なほど、その罠に落ちる。

夫が癇に障ってしょうがない、というとき。

まぁ、まんまと地雷を踏む夫も悪いけど（『妻のトリセツ』を読め！）、自分の脳の罠であることも知っておいたほうがいい。そうすると、少し冷静になれる。

ときには、婚外恋愛でガス抜きをしてもいいかもしれない。

脳の特性から言えば、本能に逆らえば逆らうほど、脳はその戦略を強める。外の素敵な男性の食事の誘いを、心残りなのに必死に断って家に帰ってきたのに、だらけきった夫に「めし、まだ？」と言われた日には、そりゃ、いっそう腹が立つ。明日からの、脳の「この男、捨てようよ」の囁きが強まってしまう。

ときには、ほんのちょっと、「外」を楽しんでもいい。私は、そう思う。ただし、一人の人と生きると決めているのなら、戻れないフェーズはどこか、自分でしっかり見極めなければね。そこに足を踏み入れない。それが、女の踏ん張りどころだ。

もちろん、踏み入れちゃって、なんとか生還してくるのも、あるいは、次の人生を生きるのも、女の度量次第。人生は、女が、自分で決めるもの。私は、どの女の人生にも、エールを送る。

とはいえ、次の相手にもやがて、女性脳の罠がやってくる。あんなに輝いて見えた彼が、「目から火が出るほど腹が立つ相手」に変わる日が。本書『夫のトリセツ』は、どうぞ、次の人生にもお持ちください。

男女の脳は違うのか、違わないのか

さて、男女のミゾを作るのは、生殖戦略の罠だけじゃない。

男女は、脳のチューニングが違う。そもそも、これが問題なのだ。

男女とも、同じ脳を持ち、全機能搭載可能で生まれてくる。そういう意味では、男女の脳は違わない。

しかし、チューニングが違うのである。

同じラジオでも、チューニングした周波数が違えば、片方は哲学を語り、片方はおしゃれなボサノバを流してくる。男女の脳はそれに似ている。

だから、私は、「男女の脳は違わない」という意見にも、その通り、と賛同する。同じラジオでしょ？　もちろん、そうだ。

しかし、「おしゃれなボサノバ」でくつろぎたいと思ったときに、「哲学の講義」は聞きたくない。

同じラジオでも、「おしゃれなくつろぎをくれる箱」にも「人生の真理を語る箱」にもなってしまう。それを同じと言うのは、かえって苦しいのではない？

それが、私の考え方だ。

なぜ、利き手があるのか

脳の中には、同時同質には使えない機能が共存している。

「遠くの動くものに瞬時に照準が合い、距離感をとっさにつかめる」ように眼球を制御していると、「目の前のものを綿密に見つめて、気配を察し、針の先ほどの変化も見逃さない」というものの見方はできない。

プロセスを分析する脳は、結論を急ぐことはできない。「そういえば、ああいうこともあった。こういうこともあった」と言い出す脳は、プロセス解析中である。「なんの話だ？」「結論から言えないのか？」なんて言われると、脳が混乱して、絶望してしまう。

どの脳も、どちらもできるのだが、同時にはできない。

そうなると、とっさに使う側を決めておかないと危ないのである。神経信号の演算では、「同じ価値のもののうち、どちらを選ぶか」に、最も時間がかかってしまう。この迷いの間に、生命の危機にさらされることもある。

私たちには、利き手がある。もしも、利き手がなかったら、身体の真ん中に飛んでくる石を避けられない。脳が左右どっちに避けるか迷い、とっさの身のこなしが遅れるからだ。物をつかむ動作もおぼつかない。主手と支え手があって、初めて、ものを器用に使える。利き手があるのには、意味があるのだ。

経緯を語りたがる女性脳、結論を急ぐ男性脳

これと一緒で、脳は、とっさに使う側を決めておかなければならない。遠くを見るのか、近くを見るのか。プロセスを解析するのか、とにかくゴールを目指すのか。

人類の男女は、哺乳類のオスとメスである。生存戦略が正反対なので、この「とっさの側」が正反対なのである。

荒野や山に狩りに出て、危険な目に遭いながら、仲間と自分を瞬時に救いつつ、成果を出さなければ生存も繁殖もできなかった男性脳は、「遠く」を見て、とっさに問題点を指摘し合い、「ゴール」へ急ぐようにチューニングされている。

目の前の人の気持ちや体調の変化に鈍感で、優しいことばも言わず、いきなり相手の欠点を衝《つ》いてくる。プロセスを解析しないので、危機回避能力は低い。つまり、同じ危険に、懲りずに身をさらす。

一方、授乳期間が長く、生まれてから1年も歩けない子どもを育てる人類の女性たちは、「近く」を見つめ抜いて、大切な人の体調変化を見逃さず、とっさに共感し合うよ

うにチューニングされている。共感とプロセス解析のために、事が起こったときに、気持ちを語りあう傾向が強い。感情で記憶を引き出すことで、脳が経緯を再体験するので、気づきを生み出せるからだ。

このため、距離感を測りにくく、結論から簡潔に言う、というのは苦手である。

この2つの脳が、共に暮らしているのだから、よほど知性的に暮らさないと、結婚生活が天国であるわけはないのだ。

守ってあげたい相手だからこそ、問題解決を急ぐのが、素の男性脳だ。「大丈夫?」「わかるよ」と言う前に、「君も、ここが悪い。直しなさい」と言ってくる。

信頼している相手だからこそ、共感してほしい女性脳からしたら、これは裏切りに見えてしまう。

女もオヤジ脳を使う

もちろん、男も女も生来のチューニングのまま、24時間365日過ごすわけじゃない。

女性だって、子どもにはけっこう問題解決脳で接している。顔を見るなり「宿題やったの？」「なんで、宿題やらないの？」「学校はどう？」なんて聞いてしまう。

これって、家に帰ってきた夫が、「めしはまだなの？」「一日家にいて、何やってんだ」「今日何してたの？」なんて聞いてくるのと一緒なの、わかります？

守ってやりたい責任のある相手だからこそ、こうなってしまうのだ。

子どもに話しかけるときは、「母さんも、会社の日報、本当にやだ。実は、今日はサボって帰ってきちゃった。宿題やりたくないのわかるよ」くらいの会話をしてあげたいものである。

けど、そんなこと言ってられない。子どもは、正しく育てなきゃ。こっちは、時間に追われてるし……。

ね？　夫もそうなのだ。悪気はない。ただただ、誠実なだけなのだ。

「夫はひどい」の正体

脳は、全機能使えるのである。

だから、夫婦の仲は、かえってこじれる。

男性は、家族にこそ、問題解決型に脳を使う。愛する相手に、一番厳しい。責任のない、その辺の女性には、優しい口を利けるのに。

女性だって、その辺の子には「成績が悪くたって、出世した人はたくさんいるわよ」なんて言えるのに、自分の子にはそんなわけにはいかないのだ。


恋人時代には、あんなに気持ちに寄り添ってくれていた男が、夫になり、父になり、責任をひしひしと感じているからこそ、冷たい口を利く。一方、妻となったほうは、子どもの生存可能性を上げるために、夫に恋人時代よりいっそう共感を求めている。

これこそが夫婦のミゾ、「夫はひどい」の正体なのである。どちらも、誠実に、生きるべき道を貫いている。それなのに。

子どものころは、正しく生きれば幸せになれると信じていた。大人になって男女の脳を研究してみると、正しく生きるからこそ、苦しいこともあるのがわかった。しかし、その苦しさこそが、人類を繁栄させてきたのである。

その苦しさを、どう乗り越えるか。宗教で？　精神論で？　女子会でのうっぷん晴らしで？　あるいはお酒で？　考えてみれば、神に結婚の誓いをするのは、貫くのが難しいことだからなのではないだろうか。いにしえの時代から、結婚を貫くのは難しかったのだ。とはいえ、いにしえの人たちは、そんなに悩むこともなく早めに人生を終えられた。

21世紀を生きる私たちは、下手すれば70年もの結婚生活を耐え抜かなければならない。けれど、科学という味方がいる。男性脳と女性脳の違いを見極めて、深い深い夫婦のミゾにかわいい橋をかけてみようじゃありませんか。

それができたら、私たちは、本当の新時代の女になれる。

第2章 使えない夫を「気の利く夫」に変える方法

最近、つくづく思うのだが、男は会話の仕方を知らない。

通勤電車の中で、離婚カウンセラーの「夫婦は会話をしなければ壊れる」なんていうコラムを読んだ中年男性は、家に帰って妻に「今日、何してた?」「どこか行ったのか?」なんて聞いてしまう。

いきなり、そんな尋問をされたら、妻は警戒してしまう。「一日家にいて、これしか家事ができてないっていう意味?」「どこへ行こうと私の勝手でしょ」なんてことばがとっさに頭に浮かぶ。そのまま口にはしないまでも。

「妻と会話せよ」とアドバイスするだけなんて、無責任だと思う。男性には、どう切り出すかも教えてあげなきゃ。

話の呼び水

家族の会話は、「呼び水」で始まる。

「今日、お昼に麻婆豆腐食べたら、辛くてさぁ」みたいな何でもないことでいいのである。男性はこれが発想できないのだ。

そうしたら、相手が「え～、私もカレー！　以心伝心～」と返してきて、「いや、麻婆とカレーは違うでしょ」「辛いつながり」「ぃえぃっ（ハイタッチ）」みたいに話が弾む（我が家は、およめちゃんが来てから、たいていこんな感じ）。

「私は、ランチ食べる暇なんかなかったわ」と返されたら、「何かあった？」と聞いてやればいい。今日起こったあれやこれやを話して、すっきりしてくれるかもしれない。

「ふ～ん」「そう」みたいに流されても、「最近、中華の外食、してないね。今度の休みに食べに行こうよ」と誘ってもいい。それも流されたら、「元気ないね。何かあったの？」と聞いてもいい。「あなたがうざいの」と言われても、「おやおや」と言って、それ以上からまずに終わりにすればいい。

話の呼び水があれば、なんらかの会話が交わされる。妻の機嫌がすこぶる悪くて、空回りしたとしても、そばにいることを示してあげられる。尋問じゃ、会話が進まないだけじゃなく、相手を不快にさせてしまう。

……ということを、男性は知らないのである。

男の対話力は、母親の責任

なにせ、この国の男たちは、こちらがあげた呼び水にさえ、うまく応えられない。「今日、お昼に麻婆豆腐食べたら、辛くてさぁ」なんて言ってあげたら、「ふ〜ん」とか「それで?」とか返ってきかねない。なので結局、妻も夫に用事以外は話しかけなくなり、日本の夫婦の会話が消えていく。

実はこの対話術、本当は母親が教えないといけないのだ。

海外の男が、これがうまくできるのは、子どものときに母親と大人の男女のように会話をしているからだ。女性に優しいイタリア人やフランス人の男たちが、母親とも大の仲良しなのは国際的に有名なこと。イタリアーノは、誰に聞いても「ぼく? もちろんMammone(マンモーネ/ママ大好きの意)だよ」と臆面もなく言いきる。イタリアーナは割り切っている。「Mammone? まぁ、仕方ない。それじゃないと、女の扱いが悪いのよ」と微笑んで。

というわけで、思い返してほしい。ご家庭の、母と子の会話を(子どもがいなければ、義母と夫の会話でもいい）。

母親が息子にかけることばが、「宿題やったの？」「早く、お風呂に入って」「グズグズしない！」なんていう目的指向のことばだけだったら、対話法が成熟しないまま大人になってしまう。しかし、多くの日本の善良な家庭が、そうしている。

親が子どもに、「お母さん、こんなことがあってさぁ。なんだか、釈然としないわけ」とか「アメリカの貿易戦略、悩ましいわね。トランプ大統領、どう思う？」なんて、話しかけたりしないお国柄なのだ。一緒に映画を観ても、「私はここが心に響いたわ。あなたは？」なんて聞かないし、同じファンタジーやミステリーを読んで感想を言い合うこともない。

家族と、「腹減った」「のど渇いた」「宿題やりなさい」「弁当箱出しなさい」くらいしかことばを交わさないものだとしたら、男の子は、どうやって対話術を身に付けるの？

夫のこともなんとかしなきゃいけないが、息子のいる方は、息子のことも考えよう。幼児のうちから、彼を「一人前」と見なして、「あなた、どう思う？」と聞いてやるといい。私自身は、離乳食を出すときも「お口に合うかしら？」と話しかけていたくらいだ。将来、対話のできる母と子になるために。未来の彼の妻のために。

家族を持つ価値

先日、家族で旅をしていたとき、通りすがりに「幸せになりたい」というセリフを耳にして、ふと「私は、幸せになりたい、って思ったことがないなぁ。60歳になるまで、一度もそんなふうに思ったことがない。好奇心だけでここまで生きてきたわ」と言ったら、およめちゃんが「私は、幸せになりたいとは思ったことはないけど、よりよく生きたいと思ったことはある。ゆうさんは？」と息子にふった。すると息子が「僕も、幸せになりたいとは思ったことはないけど、あいちゃんがどうしたら幸せになれるか、毎日思ってるよ」とにっこり笑った。

私もおよめちゃんも、心に浮かんだことをよく口にするし、息子は、それを本当によく受け止めてくれる。

先日は、世間のお盆休みの初日にうっかり仕事を入れて、新幹線の指定席が取れず、東京から名古屋まで立っていく羽目になった。そのうえ、タクシーの運転手さんがビル名を間違えて、炎天下に歩くことに（運転手さんが復唱した名前が違うので、何度も言ったのに、「疑い深いね、お客さん。これがお客さんの言うビル。間違いないって」と言われて、間違ったビルで降ろされた（泣））。

こりゃ、誰かになぐさめてもらわないと無理、と思った私は息子に電話をかけてみた。息子は、「ひゃ～、それはたいへんだったね。人生には、そんな日もあるんだね。かわいそうに。大丈夫なの？」と言ってくれた。

「あ～これこれ」と私は思った。このことばがあれば、踏ん張れる。これこそ、家族を持つ価値ってもんである。

ちなみに夫に電話しない理由は、夫は息子ほど当てにならないから。たぶん70点は取れると思うが、「それにしても、なんで、こんな日に新幹線の指定席取り忘れるんだ？」という余計な一言が付いてくる可能性がいまだに払拭《ふっしょく》できない。

我が家の夫は、現在、「なんで○○するわけ？」という、言っても埒《らち》が明かないセリフを言うな、の訓練中なのである。

男の対話力の鍛え方

というわけで、夫の対話力が低いのは、夫の母親のせいだが、だからと言って、放ってもおけない。妻のほうが、夫と長く生きるのだから。

息子も夫も、コツは一緒。心がけて、用事のない会話をすることだ。

「今日の空みたいな、ふんわりした青が好きだな。あなたは？」とか、「ガラスの風鈴と鉄の風鈴、どっちが好き？」とか、「ブカレストって、どこにあるの？」とか、「一番好きなマーベルヒーローは誰？」とか、なんでも。

用事のない会話ができる子どもは、「ナスがたくさんあるけど、焼きナスがいい？揚げびたしがいい？」みたいな問いかけにも、「どっちでもいいよ、面倒くさい」なんて言わない。家族の幸せな会話が成り立つのである。

その代わり、幼い子どもと用事のない話をしなれていると、4～5歳くらいのときに「ママ、虹はなぜ7色なの？」とか「ママ、なぜ、トマトはトマトっていうの？」みたいな答えようのない質問の回数が劇的に増える。

大人としてはかなり面倒くさいけど、これをうるさがると、子どもは会話をやめてしまう。答えようのない質問は、答えを言わなくていい。質問自体を喜んであげればいいのだ。「面白いところに気がついたね。実は、ママも答えを知らないんだ。いつかわかったら、教えてね」と言ってあげればいい。

さて、「はぁ?」とか「別に」とか「なんで?」という答えが返ってくる夫にも、根気よく、用事のない会話を仕向けてあげよう。

我が家は、母と息子がツーカーすぎて、長らく夫は蚊帳の外だったのだが、およめちゃんがやってきて、彼女がちゃんと仲間に入れてあげるようになった。「パパは?」とか「パパはどう思う?」みたいに。

私も調子に乗って、息子たち夫婦のラブラブな会話を指さして、「私にも、ああ言ってみて」と誘ってあげることも。およめちゃんもパパに「パパ、今のは、お母さんに通じないよ。ちゃんと言わなきゃ」とか言ってくれる。

そうしたら、夫にも最近、用事がない会話ができるようになったのである。筋金入りの直しようのない「実用対話型」だと思っていたのに。何ごとも、お手本と説明と訓練なのだ。

言ってほしいことはルール化しよう

それと、いっそ、「こういうときには、こう言って」をルール化してしまうのもいい。妻がテンパったら、とるものもとりあえず「大丈夫？　かわいそうに」と言うこと。これは、我が家の鉄則にしてある。

先日なんて、夫の言ったことで私が「きーっ」となったのに、慌てて飛んできて、「大丈夫？　かわいそうに」となぐさめてくれた。「いやいや、あんたのせいだよ〜」と心の中で叫んだけれど、なんだか笑えて許せてしまった。

こんな失敗もたまにはあるけど、男性脳は規則にすると遵守しやすい。「気を利かせて、察して優しくしてね」というのが、うんと難しいのだ。

幼かった息子が、ある日、原稿が書けないで頭を抱えていた私を抱きしめて、背中をとんとんしてくれた。頭が痛くて苦しんでいると思ったのだろう。自分が体調の悪いときにしてもらうことをしてくれたのである。そうしたら、不思議なことに、するすると原稿が書けたのだ。その日から、「書けない……うぐぐ」「大丈夫？（とんとん）」が、私たちの定番になった。

そんな習慣も間遠になって何年も経ち、息子が大学生のときのこと。車で2時間ほどの郊外に下宿していた彼が深夜、用事があって電話をしてきた。「元気がないね」と言うので、「連載が書けなくて」とため息をついたら、「今からバイクで駆け付けようか？」と言ったのである。

男性脳というのは、定番に忠実だ。約束を守るのが、彼らの愛なのだ。

男と女の間には（母と息子であっても）、定番は作っておくほうがいい。愛を信じるために。

最初は甘えて、夫に定番を作らせる。男は、定番を忠実に守り続ける。女は、その一点で、男の愛を信じることができる。「愛してるよ」を言い続けなくても。

「定番」が二人を守る

私たち夫婦が、結婚して最初に決めた定番ルールは、「手袋係」だった。

私の誕生日は12月半ば。クリスマスと近いので、恋人時代に、夫は苦慮していた。ただでさえ、女性向けのアイデアが豊富な人じゃないのに、10日と開けずに2度だなんて。

そこで、私は、夫の気持ちを軽くしてあげようと思いついた。「これからは、誕生プレゼントだけでいい。そして、毎年、手袋を贈って」

実は、私たちはあまりセンスが合わなかった。彼が選んでくれる小物は使いにくく、財布やバッグは持ちにくい（その理由は後でわかった。私たちは、体幹コントロールの方法が正反対のタイプだったのだ。彼は薬指を中指側に内旋させながらものを持つタイプ、私は薬指を外旋させながらものを持つタイプ。ものを固定させるのに、彼は指先を使い、私は手のひらを使う）。それならいっそ、手袋なら間違いがない、と思ったのである。

手袋は毎年もらっても大丈夫。黒革、キャメル革、ベージュ革と定番を一通りもらったら、後は、赤や緑などのきれいな差し色をもらってもいい。ときにはキッチンミトンに変えてもいい。子どものものに変えたっていい。そうこうするうちに、黒革が汚れて、替えが欲しくなる。我ながらグッドアイデアである。

「これから、冬の北風から私の手を守るのは、あなたの役目よ」

私はそう言って、彼を「私の手袋係」に任命したのである。

そんな私たちに、十数年目、離婚の危機が訪れた。二人で話し合って、離婚協議書まで作ろうとしていた。

そんな話し合いの真っ最中に、彼が「今年の手袋は何色がいい？」と聞いてきたのだ。たしかに時は11月の終わり。例年なら、手袋の色を決めるころだった。

私は、面食らってしまった。「はぁ？　手袋なんて要らない」

そりゃ、そうだろう。女は、別れた男にもらった手袋なんて、絶対にしない。けれど夫は、のほほんとした声で「それでも冬は来るだろう。冬が来れば北風が吹く。北風が吹けば、手が冷たいぞ」と言うのである。

この人は……！　私は、胸を衝かれて、声を失った。「これから、冬の北風から私の手を守るのは、あなたの役目よ」と言われた使命を、この期に及んで全うしようとしているのだ。

男の愛とは、約束を愚直なまでに守ることなのだ、と、そのとき私は知った気がした。私が望むあらゆることばを、彼が与えてくれなかったとしても。誠実さも思いやりのかけらもないように見えたとしても。

バカじゃないの、と私は、泣きながら笑った。きっと、この人は、別れた後も手袋を贈ってくれるに違いない。そんな手袋を受け取るくらいなら、別れるのをやめる。私は、そう決めた。

あのとき、彼が手袋係じゃなかったら、私たちは別れていたかもしれない。

どうぞ、二人だけの素敵な定番を、お持ちください。

そうそう、かといって、夫が定番を忘れても、愛を疑う必要はない。二人の関係が安定しているると、男というのは、とことん気を抜くのだ。私の夫も、けっこう手袋係なのを忘れる。私も、それをいいことに、ここのところ、時計などの高額品をねだってゲットしたりしている（微笑）。

定番を決め、彼が忘れたとしても、恨まず騒がず、都度優しく、その定番を思い出させてあげればいい。ときに忘れないでいてくれることがあったら、それでいい。それでも、きっと、大事なときに、その定番は二人をつなげてくれる。

万が一、婚外恋愛にからめとられそうになっても、その定番を果たすために帰ってくるとかね。

妻からも「定番」をあげよう

実は、男性脳は、「定番」が気持ちいい。

古代から狩りを担当してきた男性たちの脳は、遠くから飛んでくるものに瞬時に照準が合うように、そして、その距離感が即座に測れるように、脳と眼球を制御している。

遠くに集中するためには、身の回りが定番で固められていることが望ましい。安心して、遠くに意識を集中できるからだ。

時速350キロを超えるバイクにまたがる（新幹線のぞみの背中にまたがっているようなものですよ！）世界トップクラスのレーサーは、キャビンの中のものの配置、たとえば、ヘルメットやグローブの置き方にミリ単位でこだわるのだそうだ。そして、毎回、同じ所作《しょさ》でコースに出ていく。右、左、前、後ろの順番を決して変えない。ライディングスーツのゆがみを直す順番もいつも一緒。この定番がちょっとでも壊れると、事故につながりかねないのだそうだ。

昔、大工さんが家を出るとき、敷居をまたぐ足はいつも一緒という験担ぎを聞いたことがある。実家の離れの増築に来た大工さんが、朝、玄関で打ち合わせをして、出ていくとき、それを間違って、わざわざ戻ってきて出直したことがあったのだ。

距離感を見誤ると危険な仕事をしている男たちは、そこまでこだわる。見送る者たちも、同じ所作で見送っている。江戸時代、危険な仕事に出ていく夫を、妻は火打ち石で見送った。そこまでじゃなくても、定番の床屋、定番のレストランをなかなか替えないのが、男心だ。

というわけで、夫にしてもらいたいことを「定番」にすると同時に、夫にも「定番」をあげよう。

特に、「外に出ていく瞬間」と「帰ってきた瞬間」は、大事である。男たちは、玄関で脳のモードを切り替えるからだ。もちろん、息子も同じ。

「いってらっしゃい」と「おかえりなさい」は、いつもと同じトーンで、おだやかに。それだけは、守ってあげたほうがいい。どんなにイラついていても、たとえ喧嘩の最中でも。

男たちを不慮の事故から守り、成果を上げさせ、無事に帰らせるための、大事なおまじない。男たちに、家庭は安寧な場所だと知らせる、大事なメッセージだ。

愛を測ると自滅する

男にとって気持ちいい「定番」だが、女にとっては、ちょっとつまらない。定番を超えて、何かもう一工夫してくれることで、女性脳は愛を測るからね。

妻に対してどんなときに愛を感じるか。そんな話をしていたとき、ある男性が「家に帰って、妻のご飯を食べるとき」と言った。ロマンティストか？　妻が、いちいち夫への愛を込めてご飯を作っていると思っているのだろうか。子どものついで、あるいは毎日の避けられないタスク、そんなものだろうに。

逆に言えば、男たちは、「毎日、家に帰る」とか「毎日働き、毎月給料を入れる」とか、そんな「定番の繰り返し」を愛の証として頑張っているのである。

そんなこと、妻にとっては当たり前にすぎない。自分が「当たり前のタスク」として家事をしているのだもの。そこで愛は測らない。愛は、夫が自発的に行う「非定番」で測るものだ。なにも言わなくても記念日にレストランを予約してくれたり、感謝とねぎらいのことばを言ってくれたり、風邪を引いたら、消化によい食べ物や飲み物を買ってきて、ゆっくり休みなよなんて言ってくれたり……。そんな「言わなくても」やってくれる「非定番」こそが愛の証だと思っている。

「定番」を差し出す夫に、「非定番」しか評価しない妻。これじゃ、永遠に、愛は見えやしない。そんなことで愛を測っていたら、女は自滅するだけだ。

「思いやりのある、察しのいい非定番」なんかで、愛を測ってはいけない。次に書くように、欲しいことばも、欲しいものも、あっさりと口にして頼めばいい。

記念日は要注意

「記念日」と「具合が悪いとき」には、特に気を付けたほうがいい。

日頃、なにもしてくれない夫に、妻が期待を一心に寄せてしまいがちな日だからだ。

「せめてこの日（記念日）だけは」とか、「せめてこんなとき（具合が悪いとき）だけは」、言わなくてもやってくれることを夫の愛の踏み絵にしてしまうと、確実に絶望する。

記念日を祝いたければ、行きたいレストランの電話番号を夫に渡して、予約と支払いだけやってもらえばいい。具合が悪いときは「あれとこれを買ってきて」と具体的に頼もう。

しかし、わが家の夫ときたら……そうまでして用心しても、私は、昨年の誕生日に、うっかり夫に絶望してしまった。

昨年、下町の我が家の近くに、銀座にあるような高級天ぷら店が開店したのである。それを知って、私はこのうえなく興奮し、夫に「私の誕生日はそこを予約してね」と何度も頼んだのである。私が誕生日に連れて行ってほしい店をおねだりするなんて、結婚34年目にして、初めての試みだった。

さすがの夫も（「あなたより、一日でも長く生きてあげなきゃね」に「遺産、使うなよ」と言い放ったびっくり男でも）、34年目の初おねだりに誠心誠意応えてくれるに違いないと信じて。今思えば、私は、彼を疑っていたのだと思う。疑っていたからこそ、それを払拭したくて、私は賭けたのだ。

にもかかわらず、誕生日の1週間前に夫が失念していたことが判明。あまりの腹立たしさと悲しさで、泣きながら「今後一切、あなたとは、天ぷらを食べません！」宣言したのである（結局およめちゃんのとりなしで、天ぷら店での誕生会は実現したのだけど）。

男性脳のありようを、わかっているはずの私でもそんなものである。私はこの一件で、「この一日だけ」に賭けて、夫の愛を測るのは本当に危険だと実感した。

既にプレゼントは定番にしてある我が家だけど、記念日のイベントも、いっそ定番にしちゃえばいいのかも。毎年同じレストランを予約してもらおう。毎年、同じレストランで過ごす「思い出の積み重ね」は、10年も20年も経てば、それなりに味が出てくるに違いない。

ここで忘れてはいけないのは、言えばやってくれるのなら、十分に夫に愛されているということだ。妻にとって腹立たしい「言ってくれればやったのに」だって、夫の心からの思いやりであり、愛なのである。

レディファーストを見直そう

定番ルール。

そう考えると、欧米のレディファーストはよくできていると思う。男性脳には「紳士のマナー」としてルール化し、女性脳には「気を利かせて、優しくしてくれた」と思い込ませるアイテムでできている。

ドアを開けて待っていてあげたり、席を譲ってあげたり、椅子を立つときに、さりげなく手を差し伸べてあげたり。

ちなみに、こういうマナーも、母親が息子に教えるものだ。

我が家の息子は、小学2年生から、ファミレスでだって、我先に座ることがない。すべての年上の女性が無事に座ったのを確かめてから座る。階段を昇り降りするときは、その場で一番年上の女性を気遣い、エレベータに乗るときはボタンを押して、その場のすべての女性を通す。ビルのドアは、当然開けたまま、後ろの他人まで通してあげる。パーティでロングドレスを着たときは、足元が見えない私を気遣って、手を添えて立たせ、車にも乗せてくれる。ずっと手を握っているわけじゃないが、手を差し伸べるところを心得ている。

こんなこと、よその女性は、誰も教えてくれない。

ヨーロッパどころか、最近は東京でも、これができない男子はワンランク下に見られるようになった。女性のＶＩＰも増えたからね。

女性のＶＩＰたちは、男性と伍して闘ってきたので、レディファーストを欲しているわけじゃないが、そこでコミュニケーション能力と勘の良さを測るのである。男女平等だからといって、「年上の女性」や「大切な女性」を敬うマナーまで消えたわけじゃない。ましてや、身体の大きな若い男が、年上の女性に配慮のない姿は見苦しい。キャリアウーマン相手に荷物を持ってあげる必要はないが、やはりドアは開けて支え、彼女が椅子に座るまでは立っておくべき。

とはいえ、我が家の息子も、素直に従ったわけじゃない。小学生のとき、「ママ、世界中の男がこれをしてるって言ったけど、台東区じゃ違うみたいだよ」と言ってきたことがあった。私は、慌てず騒がず、こう諭した。「あなたは世界に出ていく男でしょう？　台東区で一生過ごすの？」

息子は、２秒ほど考えて、「世界と一緒でいい」とうなずいた。

息子を甘やかすと、夫が図に乗る

息子を一人前にするために、夫に協力をお願いするかたちで、夫のレディファーストを促すという手もあるかも。あるいは、娘に「パパ、カッコイイ」と言わせて。
うちの夫は、「健康な大人に、なぜ気を遣わなければならないんだ」とか言っちゃって、息子に後れを取ったけれど、いつの間にか、息子と同じようにしてくれるようになった。小さな息子が一生懸命荷物を持とうとしてくれる姿を見て、手を出してくれるようになったのである。

レディファーストは、男にとっては形式だが、女にとっては形式じゃない。夫が、何かにつけ振り返り、荷物を持ち、ドアを開け、私が無事か確認してくれていると、本当にかけがえのない人に見えてくるもの。

母親にそう育てられなかった男子は、こういう機微を知らない。男には、してほしいことは、してほしいと、毅然と言ってあげるべきだ。ただし、してくれたら、心から感謝しよう。母や妻の歓びに照らされて、男たちは、コミュニケーション能力を上げていくのだと思う。

息子をさっさと席に座らせ、荷物を持ってやり、エレベータのボタンを押してやりながら、「夫はなんて気が利かないの」と毒づいていてもなにも始まらない。夫なんて、ちゃっかり子どもの尻馬に乗って、甘える気満々なんだから。

男は沈黙でストレスを解消する

男性脳は、おしゃべりが苦手である。

たとえ、楽しい会話でも、脳は緊張していく。男性脳の緊張を解くためには、安寧な沈黙が必要不可欠だ。

おしゃべりで緊張を解く女性脳からしてみたら、ここがなかなかわからない。

脳は、生存可能性が下がると緊張し（ストレスを感じ）、生存可能性が上がると緊張を解く（ストレスから解放される）。

女は、おしゃべりと共感で生存可能性が上がるので、おしゃべりをすればするほど、ストレスから解放される。

男は、沈黙と問題解決で生存可能性が上がるので、安寧な沈黙でぼうっとしたとき、ストレスから解放される。

ひたすらしゃべる妻と、ぼうっとして話を聞いていない夫。これは、ある意味、最善の方法なのである。互いに、脳の緊張を解いている状態だからだ。妻が、話を聞いていない夫に、腹を立てさえしなければ。そして、夫が、妻の話を聞かなきゃ、と、努力さえしなければ。

男は、女が共感で生きていることを知らない

太古の昔から、女性は、群れの中で子育てをしてきた。私たちは哺乳類だ。おっぱいをあげないと子どもが育たない。自然界の中では、授乳期は3〜4年に及ぶこともある。しかも、ヒトの場合、そのうち1年は歩けない。長期間の厚いケアを必要とする人

類は、母親が体調を崩しておっぱいが出なくなったらアウトでは、リスクが高すぎる。このため、女性同士の密なコミュニケーションの中で、おっぱいを融通し合い、子育ての知恵を出し合って、群れ全体の子どもの生存可能性を上げて、繁殖してきたのである。

女性にとって、生存可能性を上げる手立ては、なにより「共感」だった。戦いに勝って畏れられて遠巻きにされるより、問題解決を急いで周囲に煙たがられるより、共感されて、「あなた、大丈夫？　おっぱい出てる？」と気遣ってもらう女性脳が、ちゃっかり子どもを育て上げられるのだ。

戦いに勝って遠巻きにされて有利なのは、縄張り争いをする男たちだけだ。おしゃべりは、共感し合うための大事なツール。おしゃべりが盛り上がり、共感を得られれば、自分と子どもの生存可能性が上がる。だから、脳は喜びを感じ、緊張を解くのである。

女にとって、共感は、なにより大事なことなのだ。

このため、夫に共感してもらえないと、精神を病むことだってある。共感力の著しく低いアスペルガー症候群の夫を持つ妻が、不眠や頭痛、夫の帰宅時間に動悸やめまいに陥るなどの症状を呈するカサンドラ症候群に陥ることがある（第4章で詳述）。
共感のない暮らしは、女性にとって、かくも苦しいのである。

男性脳は、戦いに勝ち、問題解決を急がなければならないので、共感は二の次。とっさには、その必要性を感じない。このため、女性の「共感がなければ生きていけない」という気持ちを理解することはできないのである。

夫に共感してもらおうと思ったら、明確にそうお願いするしかない。「今から私が話すことには、共感だけしてくれればいい。問題解決は要らないから」と。

頼んで共感してもらうなんて、興ざめする？　いや、意外に大丈夫。無理強いした共感であっても、けっこう気持ちいい。それに男性だって、共感したい気持ちがないわけじゃない。嘘をつかせるのではなく、優先順位を変えてもらうだけのことだからね。

妻の話がモスキート音に聞こえる理由

一方、男性脳にとっては、「安寧な沈黙」のない暮らしこそ苦しいのである。女性が、共感のない暮らしを苦しがるように。

山を行く狩人たちは、風や水の音で、その先の地形を知り、わずかな葉擦れの音で獣の気配を察する。べらべらおしゃべりする人が傍らにいたら、命が危ない。

何度も言うが、男性脳は狩りによってチューニングされてきた。荒野に出て危険な目に遭いながら、確実に成果を出せる男だけが、子孫の数を増やせてきたのだ。その子孫もまたそう、その子孫もまたそう。そんな男性脳が、狩り仕様にチューニングされていないというほうが不自然だ。

というわけで、傍らの人がべらべらしゃべると、脳が著しく緊張する。緊張したあまり、空間認知力（戦略力、危険察知力）を最大限に使うモードに入ってしまう。

空間認知の信号を最大限に使うためには、言語解析の信号をふりむけるしかない。このため、言語の入力を止めてしまう。音声認識エンジンを切ってしまうのである。

つまり、妻の話がモスキート音に聞こえ出す。ほえほえほーひーぷー、っていう感じかしら。

これが、男性脳という〝装置〟の正体だ。

話し始めて30秒以内に目的（問題解決のテーマ）が見つからない話は、3分ももたない。彼に誠意がないわけでも、愛がないわけでも、ボケッとしてるわけでもない。それどころか、妻を危険から守るための空間認知能力を最大限に働かせ始めたのである。

けれど、恋人同士のときは、あんなに熱心に話を聞いてくれたのに、という女性も多い。手に入れる前の女性との会話は、「その話を細大洩らさず聞くこと」が「問題解決の手段」であり「目的」なので、もちろんそうなる。

自分の責任のもとに守り抜かねばならない女性の場合は、「今日一日の安全を確認し、問題があれば解決すること」が対話の「目的」なのだ。

釣った魚に餌をやらない？　とんでもない。釣った魚を守り抜くための、男性脳の最大限の誠意である。妻の話が、モスキート音になることが。

あなたの前で、話も聞かずにぼ～っとしている男を、もう、ゆるしてあげよう。

男はぼうっとしている間に進化する

ちなみに、息子のそれも大目に見てね。

男の子や、後に理系やアートの領域で活躍する女の子は、日常、かなりぼんやりして見える。ぼんやりしている間に、空間認知力（理系、アートの基礎力）を研ぎ澄ましているからだ。空間認知を司る小脳の発達臨界期（機能が取り揃ってしまう時期）の8歳までに、どれだけぼんやりできたかで、後の理系の力が決まると言えるかもしれない。

ぼんやりしがちの子どもを持ったら、せっついて習い事なんかさせずに、やりたいことをやらせておいたほうが、才能が開花する可能性が高い。

ちなみに、うちの息子のぼんやりぶりは群を抜いていた。1歩歩いてぼうっ、2歩歩いてぼうっ、という感じ。小学1年生の2学期、ある日学校から帰ってきた息子が、「ママ、今日、学校で不思議なことがあったんだ」と言ったことがあった。「学校についたら、2時間目だったの」

ここまでぼんやりされると、もう笑うしかない。私は「こりゃ、筋金入りの理系脳で、戦略家（かもしれない）（だといいな）」と思って、できる限り放っておいた。彼は、習い事もせず、塾にも行かず、物理学の大学院を出た。自動車の設計を経て、今は会社経営に携わっている。週末は、狩人でもあり、森を手に入れて開拓もしている。そう考えると、かなりコスパのいい子育てだったと思う。

対話ストレスの低い女はモテる

というわけで、おしゃべりにストレスを感じる男性脳相手に、「頭に浮かんだことを、浮かんだ順にべらべらしゃべり続ける女性」は、気をつけたほうがいい。思いのほか、男性の好感度が低い。声をかけてくれる男性がいないわけじゃないのに、プロポーズされにくい。ビジネスシーンでは、能力が低いと勘違いされてしまう。

人は、「脳の緊張を解いてくれる相手」を心地よいと感じ、「脳を緊張させる相手」は不快に思うものだ。それは、清らかな水を好ましいと感じ、臭う濁水を不快に感じるのと一緒である。

お肌の手入れをし、ウェストを細く保ち、自然な巻き髪を作るのに30分もかけたとしても、男性脳を無駄に緊張させる女は、なにも手に入らない。男性にとって、対話ストレスの低い女でいること。それは、最上級の女のテクニックだと思う。恋愛シーンであれ、ビジネスシーンであれ。

べらべらおしゃべりは女力の証

妻となった人は、ここをクリアしてきたはずだ。なのに、結婚して生殖態勢に入ると、「頭に浮かんだことを、浮かんだ順にべらべらしゃべり続ける女性」に変身してしまうことが多々あるのである。

なぜならば、「頭に浮かんだことを、浮かんだ順にべらべらしゃべり続ける」と、脳が過去を再体験して、そこから新たな気づきがあるからだ。一日の体験から、知恵をさらにもう一絞りする脳の技なのである。

目的は、危機回避能力アップ。ネガティブな体験をしゃべり、今後の人生で同じ目に遭わないように、脳の中で情報構築をしている。このため、気が滅入る話のほうが、圧倒的に多いのが特徴だ。話し相手からしたら、愚痴が多いように聞こえる。

しかし、これから子どもを育てる人たちは、これが使えないと危なくてしょうがない。危険な目に遭うたびに、身のこなし方を秀逸にしていく屈強な大人の男たちと違って、子どもは一度でも危険な目に遭わせるわけにはいかない。

この世にダメな脳なんてない

だから私は、若い女性や、子育て中の女性たちが、延々とネガティブなことを言い、自分中心に振る舞うことに、嫌な感情はいっさい抱かない。「あー、危機回避能力を上げてるな。よしよし」という感じ。

それで言えば、ぼんやりする男子にも、「あー、空間認知力を上げてるな。よしよし」という感じだ。

脳がわかると、周囲にかなり寛大になれる。脳には、「欠点だけ」の機能なんてないからだ。愚痴の垂れ流しも危機回避能力のため、ぼんやりも空間認知力のため。失敗だって、勘やセンスを養うための脳のエクササイズだ。

男性は「懲りずに失敗を重ねながら、日々ぼんやりしている男」が最も優秀だし、女性は「失敗に動揺しながら、べらべらしゃべる女」が最も優秀なのだ。

そうはいっても、ビタミンBや鉄分、カルシウム不足で、無駄に「ぼんやり」や「不安」が強調されることもある。動物性たんぱく質（肉魚卵）をちゃんと食べず、消化しやすい糖質（パンやご飯）で空腹を満たす癖がつくと、空間認知力の上がらない「ぼんやり」と、危機回避能力の上がらない「おしゃべり」を垂れ流すことに。もったいないので、栄養バランスには気をつけよう。

3秒ルール

先に、男性脳は、ちょっと気が張ると、音声認識機能を停止させてしまうと書いた。相手の音声が、モスキート音のように聞こえていると。

これは、女性には、本当に理解しにくい。女性脳は、起きている間に、音声認識機能を完全に切ってしまうことはほとんどないからだ。

目の前の人の話が延々と長くて、気がそがれて、夕飯のメニューなんかを考えていたとしても、「あなた、どう思う?」と聞かれれば、そう聞かれたことはわかる。

だから、「う〜ん、そうねぇ」ととっさに応えられるのだ。とりあえず反応しておけば、話したい気分満々の相手は、もう一度かいつまんで話してくれる。だから、女同士の会話は、片方が多少ぼんやりしてしまっても、うまく流れていくのである。

男子には、これができない。

「あなた、どう思う?」も「ほぇ、ほぇほぇぴ〜」みたいに聞こえているので、お手上げなのだ。「はぁ?」と聞き返してしまう。この「はぁ?」が、妻の逆鱗に触れるのである。

たとえば、ぼうっとしている夫に、妻がいきなり「あなた、映画のチケット、とれた?」を早口で言うと、夫には「ほぇ、ほぇほぇぴ〜?」みたいに聞こえているので、「はぁ?」と聞き返す。この「はぁ?」は「なんて言ったの?」という意味である。

まさか「ほぇ、ほぇほぇぴ～」だとは思ってもいない妻にしてみれば、この「はあ？」が「俺、そんな約束したっけ？」に聞こえるのである。

「えっ　何それ。約束したでしょ！」と、また早口でまくし立てると、これがまた「ほぇ、ほぇほぇぴ～！」なので、夫は、もう一度「はぁ？」を言うことに。この「はあ？」は、妻には「そんなの、知らないよ」に聞こえて、大ごとになる。

笑い事じゃない。夫婦の日常に起こる「何、その態度!?」という展開のいくばくかは、妻の話を音声認識できない夫によって、巻き起こされているのである。

残念ながら、こればかりは、男のほうからは手も足も出ない。「いきなりの早口」をやめてあげるしかないのである。

男性に話しかけるときは、

①まず、視界に入る場所まで行って名前を呼ぶ。

②２～３秒間を待って本題に入る。

この２段階制御を忘れずに。

とにかく、話し始めはゆっくりと。音声認識のスイッチさえ入れれば、後は早口でも大丈夫だ。

これだけで、家庭内の「何それ!?」が格段に減る。職場では、男子部下の信頼度が上がる。本当です。お試しください。

結論から言う、数字を言う

男性は、結論のわからない話に耐性が低い。疲弊してしまうのである。

狩りをしながら進化してきた男性脳は、「ゴールはどこか（どこを狙えばいいか）」を常に探っている。妻の話が、「今朝、大物洗濯したらさぁ」なんて始まれば、「洗濯機にトラブルか？」なんて構えて待っているのだ。それが、「午後から曇りで、シーツが乾かなかった」みたいなオチのない話だとストレスになる。そのストレスがある一定値を超えると、音声認識機能を遮断してしまうのだ。そして、以後、妻の話がモスキート音として聞こえてしまうわけ。これは、男性脳が身を守るための行為なのである。

というわけで、結論のない話を、夫に延々と聞かせるのはかわいそうなのだ。ましてや、「話を聞いてない！」とキレるなんて、かわいそうすぎる。

男性と話すときは、結論（結論を出すための会話なら目的）から言おう。

法事の相談なら、こんな感じ。「お母様の三回忌について話があるの。ポイントは3つ。いつやるか、どこでやるか、誰を呼ぶか」

最初にこう言ってあげれば、妻の話も、そうそうモスキート音に変わらない。なんなら、リビングにホワイトボードがあって、議題として書いておけば、さらに集中力は途切れない。

息子への説教も同じだ。「あなたの部屋が片付いてない点について、話があるの。ポイントは3つ。枕元、机の下、廊下にはみ出した衣類」

このことに気づく前、私の説教は、愚痴と過去の蒸し返しを織り交ぜていた。「だいたいあなたはさぁ」から始まる長い話は、すべて、息子の脳にとってモスキート音だったのかと思うと、力が抜ける。

もちろん、会社の男性部下に指示を出すときも一緒。「企画書の変更点について、話があるの。ポイントは４つ。１つめは……」という具合に。「私は、こうしろって言ったよね？　なんでこうなるのかなぁ。だいたいさ」みたいに長々と話しても意味がない。話が通じないうえに、とっ散らかった感情的な人だと思われて、上司としての評価が下げられるだけだ。

経緯から話してよろしいでしょうか

対話に関しては、３秒ルールと「結論から言う、数字を言う」が遵守できたら、ほぼ完璧。「デキる女」「話のわかる女」と言われるようになる。

私自身は、コンサルタント時代のボスにこれを指摘された。「君は、経緯から長々としゃべるだろ。あれはバカに見えるからやめなさい。クライアントに質問をされたら、先に、結論を言ってやれ。詳細説明するときは、ポイントの数を言うこと」

これをするようになってから、ほどなく、「黒川さんは頭がいい」と言われるようになり、コンサルティング依頼が増えた。私自身が「嘘でしょ」と思うくらいに、男性たちの反応は大きかったのである。

のちに、男性脳が「ゴール指向」であることを知り、このアドバイスの的確さに舌を巻いた。

一方、経緯から話すと、脳は「プロセスの中に潜む真実」に気づく。新しいアイデアを出すための会議や、とっさに問題解決がかなわないときは、経緯から話すことも大事なのだ。

このようなとき、男性相手には「話がまとまっていないのですが、気になることがあって。経緯からお話ししてもよろしいでしょうか」と声をかけるといい。「経緯を聞くこと」が脳の目的となるので、ストレスなく聞いてくれる。この態勢なら、マーケティング会議の冒頭で「実は昨日、夫とデパ地下に行って、こんなことがあって」と話し始めても大丈夫。「なんの話だ？」とか「どうでもいい話は後にしてくれ」とか言われないですむ。

私は、これを夫にも流用している。「今日、私に起こった悲しい出来事を話してあげる。優しくなぐさめながら聞いてね」と、最初に釘を刺しておく。

夫のことばは裏読みしない

夫婦の対話で気を付けることの最後は、これ。夫のことばの裏読みをしない。

夫のことばには、多くの場合、裏がない。

「おかず、これだけ？」と聞くのは、「この鮭一切れで、ご飯2杯を食べればいいんだね？」という確認である。

それを、「一日家にいて、これだけしか作れないのか」に解釈するのは、酷というものだ。

仮に、意地悪な夫が皮肉で言ったとしても、気にせず「そうよ。足りなかったら、ふりかけあるよ。それとも、生たまごかける？」と言って、爽《さわ》やかにやり過ごせばいい。

皮肉は、相手が反応するから意味があるのだ。皮肉を言っても甲斐がない妻は、やがて、皮肉を言われないようになる。

「今日は、帰るの、遅いんだ〜」も単なる確認である。「前から言ってたでしょ！」なんて、尖った声を出す必要もない。「そうよ」と明るく返せばいい。

「夫のことばに裏がないって、本当でした」と教えてくれた人がいる。

いわく、粗大ゴミが3つあって、それを夫にマンションの玄関まで運んでもらった。1つめを運んだのち、2つ残ったゴミを見ながら夫が、「このゴミ、全部、僕が片付けるの？」と聞いたという。

いつもなら、「私は他にやることがあるの。それくらいやってよ」とイラついたセリフを言うところだったが、はたと思いついて、「そうよ、お願い」と言ってみた。すると夫は、「おぅ」と言って、2往復してくれた。後で、「あれって、確認だったの？」と聞いたら「そうだよ。後1回なのか2回なのか、確認した」。「皮肉じゃなくて？」と念押ししたら「なんでそんなことするわけ？」と答えたという。

やっぱり、うちの夫だけじゃないんだなぁと、しみじみとその話を聞いた。みなさんのお宅でも、試してみてほしい。けっこう、濡れ衣の「怒」があるのに気づくに違いない。

夫が気が利かない、本当の理由

さて、「夫が家事を手伝ってくれない」問題について、解説しよう。

夫は、気が利かない。

我が家の夫は、若いうちは、「お鍋、できるよ～」と声をかけると、リビングにやってきて椅子に座るだけ。「鍋敷きくらい出してよ」と言ったら、新聞やボールペンの乗ったままのテーブルに、ちょこんと鍋敷きを乗せる始末。「いやいや、それを片付けないと鍋が乗らないでしょ。やる気あるの？」と言ったら、「あー、言ってくれればやるよ」（言わなきゃやらないのが、本当にイラつく）といった具合だった。

女同士で暮らしていて、片方がキッチンで立ち働いていたら、もう片方は出来上がりの気配を察して、呼ばれる前にリビングにやってきて、テーブルを整える。余計なものを片付けて、鍋敷きに、取り皿に、おたまに菜箸。大学時代の同居人がそうしてくれたし、今まさに、およめちゃんがそれをしてくれている。

夫は、いまだに呼ばないと来られないが（料理の仕上がりの気配を察することは不可能らしい）、何をすればいいかはルール化してわかっているので、間違いがない。

それでも、新しい事態には、本当に気が利かない。

見りゃわかるでしょ、の事態に、動いてくれないのである。

けど、それ、やる気がないからではなく、妻の所作をうまく認知できていないせいなのだって、知ってました？

女性はワンアクション、男性はツーアクション

胸骨と肩甲骨をジョイントして、腕を支える鎖骨は、横にスライドするのと、縦に回転するのと、2つの動きを持っている。この2つを組み合わせて、腕のさまざまな動きを可能にしているのだ。

実は、男女では、鎖骨の使い方が少し違っているのだという。女性は、鎖骨をスライ

ドして使うほうを優先する人が多く、男性は鎖骨の回転を優先する人が多い。なので、所作が違う。スポーツトレーナーにそう教えてもらって、世の男女を眺めてみると、たしかにその傾向があるのである。

女性は、鎖骨を横にスライドして腕を出し、一筆書きを描くように、ものを取る。肩の下で、静かに腕が動くのである。かなりガサツな女性でも、ものをがしっとつかみ取る感じにはならない。

一方男性は、鎖骨を回転させて、ものを取る。腕を前につき出し、それを戻す運動になる。的確に狙って、つかみ取る感じがする。

レストランで観察していると、ウェイターさんは、テーブルに正対して、前に腕を伸ばし、最短距離で狙ったようにものを置くかたちが主流だが、ウェイトレスさんは、テーブルに横向きに身体を接近させて、横に腕を伸ばし、流れるようにものを置くかたちが主流である。訓練によってどちらも使えるので、百パーセントじゃないが、おおまかな傾向は出る。

所作の違いは、脳の認知の違いでもある。

女性の所作は、流れるようなワンアクションなので、鋭角に「行って、帰る」ツーアクションの男性からしたら、認知しにくいのだ。

「夫は気が利かない」は濡れ衣である

つまり、夫の脳では、妻の所作が網膜に入るが、風景のように見流しているのである。目の前にいて、妻がおむつを替えている風景を眺めていても、「子どもがごろんとなったから、お尻拭きに手が届かないで、妻が困っている」というようには認知できない。

まるで、カフェに座って、外を走る車を眺めているようなもの。目の端には入っていても、車が今、車線変更をしたなんて、認知していないでしょう？　あれと同じなのだ。

興味がないからではなく、所作が違うから。ちなみに、ワンアクションの女性からしたら、ツーアクションの男性の所作はわかりやすい。妻は夫の所作を察して、手を添えられるのに、夫にそれができないという関係だから、いっそう、愛情の欠如や、気の利かなさに思えてしまうのだろう。

というわけで、「夫は気が利かない」は、濡れ衣である。見えていないのなら、言うしかない。

お尻拭きに手が届かなかったら、「お尻拭き、取って」と言えばいい。ゴミを早く捨ててきてほしかったら、「今日、ゴミの日だよね。雨が降るかも」なんて謎かけをしていないで、「雨降りそうだから、早く捨ててきて」と、きっぱり言えばいい。「あんなことがあって、こんなことがあって」とグズグズ言わずに「落ち込んでるんだ。優しいことば、一発ちょうだい」と言えばいい。

察してくれないと恨んだり、気が利かないと嘆いたりする時間がもったいない。若妻のそれは、かわいいときがあるんだけどね。

大事なのはキャンペーン

同じ理由で、夫は、家事の総体も見えていない。

妻の3分の1しか認知していなければ、「半分やってる」と豪語している夫の家事タスクが、実質妻の6分の1なんてことが起こる。当然、夫側に悪気はないのである。

ゴミ捨て一つにしても、私たちはいくつもの工程を経て、捨てるゴミ袋一つを作っている。私は『妻のトリセツ』で、「ゴミ捨て」には、ゴミ箱の用意から、袋の準備、分別、袋を閉じて、その袋が破れていないかを確かめるなど、10の工程があると書いた。

そうしたらある熟年男性から、こんな話を聞かされた。「黒川先生は、ゴミ捨てにたくさんの工程があるって、書いてましたよね。あれには、はっとしました。そして、昨日の日曜日、僕が2階でくつろいでいたら、階下で掃除機をかける音が聞こえてきたんです。そのときふと、妻が、あれだけの工程をこなしながら、こんなに丁寧に掃除機もかけているのかと思ったら、愛しくて愛しくて。自分でもびっくりするような気持ちになりました」

知ることは、大事である。

私は、ときどき、キャンペーンをしている。自分のすることを、夫に宣伝するのだ。「今日は、洗濯しながら、ご飯を炊いて、その隙にエッセイを1本書いて、親子丼を作って、シャワーを浴びて、買い物に行くね。あ、その前に、新聞をくる」みたいに。そうして、行動に移すたびに「今から、〇〇するね」と連絡し、「〇〇、完了しました」と報告する。明るく、軽やかに、押し付けがましくなく。

夫は、「はいよ」と返事をしながら、ときに、ちょこっと手を貸してくれる。「洗濯物、干して」とか「新聞紙、出してきて」と声をかけても、「はいよ」と軽やかだ。

これが、なにも言わないで、静かにやっていると、「ちょっと、これ、捨ててきて」に「えーっ」とか「後で」とか言うのだから、キャンペーン効果は絶大である。

家事任命で、夫に惚れ直そう

家事の総体が見えてない相手に、「なんとなく、察して半分」は、もめる源。家事は、分担を決めたほうがいい。

風呂のカビ取り、蕎麦ゆで、パスタゆで、ハーブ栽培、窓ふき、ゴミ捨て、皿洗い。これらは、我が家の夫の担当である。

「これだけしてもらえると、日々が本当に楽になる」を厳選するといいと思う。たとえば、「夜寝る前に、お米を研いで炊飯器に仕込む」。これって、子どもを風呂に入れたり、明日のスイミングの準備をしたりと忙しい主婦には忘れがちで、布団に入ってから、「あっ」と思って立ち上がるのは、けっこうなストレス。これだけでも担当してくれたら、本当に嬉しいのじゃないかしら。ただし、彼がうっかり忘れたときの冷凍ご飯は常備しておいては。「部下のうっかり」は上司の想定内にしておくべき。

「本当に助かるタスク」を夫にやってもらうと、夫の存在価値が上がる。ぜひ、厳選して、お願いしてみてください。

そのお願いの前に、何度か、先に述べたキャンペーンをしておくといいよ。妻が、日がな一日、あれやこれやしているんだと知った後の「ご飯だけ仕込んでくれれば、天国なの。お願い」は、素直に聞けるのじゃないだろうか。

私の知人は、「夫を在庫管理に任命しました」と教えてくれた。各種調味料、コーヒー、紅茶、お茶、牛乳、各種洗剤、トイレットペーパー、ティッシュペーパー……、数え上げれば数十ある家庭の在庫管理は、多くの場合、妻の勘に任されている。

それをほぼ問題なく勘で回す女性脳も素晴らしいと思うが、ときには、ケチャップがない、ソース在庫が2本ダブっちゃった、なんてことも起こる。その知人の夫は、在庫管理アプリを導入、台所のラックを整理して、それぞれの引き出しにラベルをつけて、完璧に管理してくれているそうだ。妻が買い物のときに、在庫管理アプリを開くと、買うべきものが一目でわかり、買ったときにはチェックしておくと、夫と被ることがないのだそうだ。夫を見直したと、彼女は微笑んだ。

それぞれの妻に、それぞれの家事ストレスがあるはず。その「これ、これ」を夫に任せて、夫に惚れ直そう。

第3章

ひどい夫を「優しい夫」に変える方法

対話が開通しただけでは、まだ解決しない問題もある。

この章では、夫婦間コミュニケーションのもう少しディープな部分について語ろうと思う。

たしかに、邪悪な脳はある

さて、前章に「この世にダメな脳なんてない」と述べたが、残念なことに、邪悪な脳というのはたしかにある。他人を貶めることで、自分の存在価値を確認する人たちだ。根っからの意地悪なのである。

やたらと勝ち負けを気にし、他人に失礼な態度をとる。人の気持ちをへこます一言を放つ。人間関係を混乱させる情報を流す。

脳は、インタラクション（相互作用）に興奮するように作られている。外界を感知し、うまく生きるためだ。自分の存在や行動が、他者（人でもモノでも組織でも）になんらかの影響を与え、その反応が返ってくることで快感を覚えるのである。

当然、ポジティブな影響力（憧れ、幸福）を歓びとするほうが自然だが、ネガティブな影響力（恐れ、混乱）を快感に思う人もいる。

この脳にもいいところがある。デリケートじゃないので、逆境にめげず、汚れ仕事もいとわず、タフでパワフルだ。

どうしてそうなってしまうのかは私の研究では関知していないが、そういう脳が人類の発展のために必要なのはわかる。必要な以上、生まれてくる。それが生態系のありようだ。

こういう脳は、社会には不可欠なのだろうが、親や子、パートナーとなると、少し厄介だ。小学生なら、好きな子にちょっと意地悪するくらいですむけど、大人になると、邪悪さは「愛」の陰に潜む毒針となる。

相手の自由を許さない（愛と称して）、相手のいいところを欠点のように指摘して、天真爛漫さを奪う（「あなたのため」「世間では」と称して、あるいはクールな自分を楽しむために）、自分の仕事のほうがずっと大事だと誇示する（「保育園のお迎え？　大事な会議があるから無理だよ」）。それでも刺激が足りないと、あからさまに傷つけてくる。

本人の脳の中では、それは「一途な愛」であり「デキる俺の証明」なのだろうが、パートナーの心を、じんわりと腐らせていく。

ネガティブ・インタラクションとの付き合い方

もしも、そういうパートナーをお持ちの方は、自分の身を守ることを考えてほしい。彼の逞しさや屈折した感じ（ときに性的魅力になることがある）を好ましいと感じ、彼の経済力が家族に不可欠と感じるならば、自分の身を守りながら、やり過ごしていくしかないのだが、それは容易な道のりじゃない。

この本は、基本、「夫の性善説」を信じて書かれている。意地悪な脳の夫に、この本のノウハウを使うと、うまくいくこともあるが、ときにとんでもない邪悪な反応が返ってくることがある。その跳ね返りに、十分ご注意くださいね。素の気持ちでいると、傷つくことがあるから。「実験、実験」という気持ちを忘れずに。

近くにネガティブ・インタラクションを好む脳があるときには、「この人は意地悪」と烙印を押してしまったほうが楽なのではないだろうか。「きっといつか、わかり合える」なんてことは信じないほうがいい。そうじゃないと、女性脳は、大切な人とうまくコミュニケーションが取れない自分の自己評価を下げてしまう。やがて、心が凍えて、人生の道のりが険しく見えてくる。勘も働かず、仕事も、家族の人生もジリ貧になってしまう。

それが夫である場合もあるし、母親であることもある。あなたの心を凍えさせる人を、そうと認知したほうが、人生は格段に自由になる。それならそうと覚悟を決め、取り扱い方を研究すればいい。

わかり合うことや、豊かな会話や、優しい共感を求めず、日々を無事にやり過ごすことを主眼に考える。こちらが正しければ正しいほど、どんな手を使っても勝とうとし、勝てなければ、傷つけようと画策してくる。どちらが正しいかで議論すると、結果は悲惨になるばかりなのだ。

先日、こんな話を聞いた。夫婦の意見が食い違うと、夫が「君は頭が悪いんだね。言

ってもわからないから、もういい」と言うのだそうだ。そいつ、連れてこい！　という
くらい腹が立つ話（怒）。

その奥様は、冷静に合理的に事情を説明できる方で、頭が悪いなんて言われる筋合いはないように見えた。そもそも「頭が悪い」なんてひどいことばを持ち出した時点で、この夫の脳は「勝ち目がないから、フェイントで（傷つけて）、ダウンを取ろう」という戦略なのだろう。卑怯だ。

こういう夫と生きていくのなら、意見の一致にこだわらず、意見が違ったときには、「たしかに一理あるわね」と相手を立てておき、譲れるところは譲り、譲れないところは「頑張ったけど、できなかった」態でやり過ごすしかないのかも。

夫婦は意見が一致しなければいけないものじゃない。意見の一致で、愛を測らないことだ。

負けるのが怖すぎて、勝ちにこだわる

それでも、どうしても説得したいときは、相手の欠点を指摘する論法は避けること。「あなたの意見は、ここがダメ」とはけっして言ってはいけない。

たとえば、「焼肉食べに行こう」と言われて、「胃にもたれるから、いやだな。このところ夏バテだし」と言うと、相手に火をつけることが。かといって「う〜ん」などと、うやむやな態度をとると、またイラつかれる原因に。

「焼肉か〜、いいね」と相手を立てた後、「ねぇ、オムレツはダメ？」と甘えてみる。「ここのところ高カロリー生活が続いたから、今日はヘルシーデイにしたいの。お財布にも優しいし」と加えれば完璧。「あなたのために別提案」の態を取ると、いっそう揉めにくい。

おそらく、このタイプの人の脳は、否定されることに過敏なのではないだろうか。負けることを恐れている。「焼肉」と言われて「何それ」という態度が返ってくると、負けるのが怖くて、勝たずにはいられない気持ちに火がつくのだろう。

それを、いったん好意的に受け止めてから、「こういう手もあるね」と返せば、勝ち負けがうやむやになって、意地悪スイッチが入りにくい。ましてや「あなたのために、ちょっといい提案」のふりをすると、勝ったのは自分ということになり、かなりいい気持ちで別提案を受け入れるのではないかしら。

とにかく、表面上は相手を勝たせておく。中国人の重んじる「面子《メンツ》」とは、これじゃないかな。

意地悪夫をお持ちの方は、試してみてほしい。こちらに覚悟さえあれば、勝ち負けにこだわる「精神年齢、小学生」みたいな夫は、案外御しやすいのかもしれない。

逆に言えば、私たち妻側も、自分にその傾向がないか（負けるのが怖くて、言い出したことに固執する癖）、一度胸に手を当てて、考えてみてもいいのかもしれない。

私自身には、正直言って、稀にそういうときがある。冷静に考えてみれば、どっちでもいいことなのに、「私が黒と言ったことに、夫が白と返した」のが、どうにも腹が立って、意固地になってしまうことが。

相手に愛の証を求めているときほど、その回数が多い気がする。ときどきのネガティブ・インタラクションは、愛の「気つけ薬」なのかもしれないね。

「相談」するから、「ノー」と言われる

意地悪な夫でなくても、夫に「仕事したい」「子どもを塾に入れたい」などと相談すると、たいていの場合、ブレーキをかけられる。危機意識の強い男性脳（とっさの危機回避力が低いので変化を厭《いと》う）は、問題が起きない限り（食べていけない、学校の授業についていけない）、現状維持を望む。

このため、私自身は、夫に相談する、ということがほとんどない。

会社を辞めて起業するときも、「再来月、会社を辞めて、起業するね」と報告をしただけ。もちろん、その利点（幼い息子のそばにいられ、家事をする時間が増える）を強調し、マネープランも説明したけれど。「どう思う？」とは聞かなかった。そう聞けば、ネガティブな答えが返ってくるに違いなかったから。慎重派の彼は、我が家のブレ

ーキ役なのである。このとき、ブレーキは欲しくなかった。

夫に何か提案するときは、どんな些細なことでもネガティブな理由は使わない。「今の会社が嫌だから、もういられない」という言い方をすると、その問題解決をしようとして食い下がってくる。「ベンチャーブームで資金が作れる見込みが立った。今がチャンスだから、やってみるわ」と笑顔でプレゼンテーションするしかない。

もちろん、独立に当たっては、私も不安だった。しかし、その不安を夫にぶちまけたら、夫は強いブレーキになってしまう。私自身の不安は、自ら乗り越えるしかなかったのだ。

夫に不安を解消してもらおうと思うな

いつだったか、新聞社の取材で、「黒川さんは、主婦起業ですよね。この世には、夫の協力を得られず、働きに出たくても出られない主婦の方がたくさんいます。その方に一言を」と言われたことがある。

「夫の協力」を先に確保しようとしてない？　自分の不安を、夫に解消してもらおうと思ってるよね？　それをやめたほうがいい、と私は、アドバイスした。

夫に「そろそろ、働きたいの」と相談して、「僕が家事を手伝うよ。保育園のお迎えも、週に2日はやってあげるから、大丈夫。君のやりたいように挑戦してみればいい」なんて優しい声をかけてもらうつもりだったら、甘すぎる。

夫だって、社会でギリギリの思いをして働いているのだ。「家のことをちゃんとしてくれるのなら、働いてもいい」と言えるのが関の山じゃないだろうか。

働きたかったら、当たり前のように働く。それしか手はない。「この春から、職場復帰するわ。何があっても、保育園を確保する」と宣言するだけ。

「保育園の送り迎え」だの「家事の分担」だの、最初に夫に確約を取っておけば、妻側の不安は解消されるだろうが、夫側の不安は無限大になってしまう。先の不安を増大させる能力は、実は男性脳のほうが高いのだ。

確約なんか取らなくても、火事場と一緒。家族が困ってパニックになれば、どうしたって手伝うことになり、男の覚悟もちゃんと決まる。「家のことがちゃんとできるなら、働いてもいい」と言われたら、「ちゃんとやるね」と明るく応えておけばいい。

朝からやったことを列挙して泣く

後に「ちゃんとやるって言ったじゃないか」となじられても、なんら反省することはない。スルーするか、「やってるじゃん」と言い返すか、泣くかすればいい。

私なら「朝から、保育園の支度して、ご飯作って、ぐずるあの子をなだめながら保育園に連れて行って、会社に行って、お昼も食べずに働いて、保育園に迎えに行って、スーパー寄って、ご飯作って、その間に洗濯機を回して、あ、その前に、あなたのワイシャツの襟汚れにスプレーもして、子どもにご飯食べさせて、お風呂に入れて、絵本を読んで……。本当は、家族のために、もっともっとしてあげたいの。お部屋もきれいに片付けたい。どうしたら24時間でそれができるの？　え〜ん」と泣く。

この「朝からやったことを列挙する」は、けっこう効く。第2章にも述べたが、男性は、女性の所作を認知していないので、妻がどんなに身を粉にしているか、わかっていないのである。

新婚のある日、私は、お皿を洗いながら、「なんで、私ばっかり」と悲しくなってしまったことがある。朝から、ご飯作って、二人のお弁当を作って、一緒に会社に行って、一緒に働いて、帰ってきたら、私だけが座る暇もなく、洗濯、料理と走り回る。夫はのほほんとテレビを観ているだけ。

そこで、私は、しゃがんで泣いた。朝からしたことを列挙して、「本当は、全部やってあげたいの。なのに、疲れてお皿が洗えない。悲しい」と泣いたら、「皿洗いくらい、僕がやるよ」と言ってくれ、後は、「皿洗い」が彼の担当になった。その使命感は、35年経った今でも、薄れていない。

ポジティブ・プレゼンテーションしかしない

女は、自分で覚悟を決める。夫に、不安を解消してもらおうなんて、つゆほども思わない。夫に何か提案するときは、どんな些細なことでもネガティブな理由は使わない。ポジティブ・プレゼンテーションしかしない。

私は、息子の保育園の遠足に、私の代わりに行ってほしかったときも、自分が行けないからとは言わなかった。「今年は、保育園の遠足に行ってみない？　保育園の遠足なんて、子どもが育っちゃったら、行ってみたいと思っても行けないのよ。彼が日ごろ、お友だちとどう接してるかもわかるしね」と、権利を譲るかたちで提案しただけだ。

彼が断ったら、切羽詰まっていることを告白したかもしれないが、うちの夫は、私に「経営者として外せない、社運を賭けた外部プレゼン」があったとしても、自分の「定例ミーティング」を平然と優先する人なので、「行かない」と言い始めたら、ほぼ百パーセント翻《ひるがえ》すことはない。

夫が断ったら、私は、会社より息子を選ぶつもりだった。その必死の覚悟が伝わったのか、若い保育士さんに囲まれてバスに乗ってみたかったのかわからないが、夫は、機嫌よく遠足に出かけてくれたので、会社は危機を免れたけれど。

母親や姑にも、基本はポジティブ・プレゼンテーションが効く。「保育園に預けるなんて、かわいそう」と言われても、ひるむことはない。「お母さん、保育園で、年齢の違う子同士が一緒にいるのは、最高の英才教育だって、黒川伊保子が言ってます。自分より運動能力が高い年上の子の動作を見て育つと、発達がいいんですって」と、明るく言ってあげればいい。

姑は、夫より腹がすわっている

姑は、味方につければ最強の女友だちである。私は、早期に職場復帰するつもりだったので、子どもが生まれて2ヵ月目に、夫の実家に引っ越した。身を寄せた、というのが正しい。黒川の母の翼の下に入ったのだ。「お義母《かあ》さんだけが頼り」と頭を下げて。私は、何をするにも、義母の意見だけは尊重した。義母は、「現代的な子育ての方式はわからないから」と、なんでも私の意向を確かめてくれた。私の子育ては、義母との二人三脚だったので、実のところ、なにも威張れない。

義母は、当初、孫息子を保育園に入れることを拒んだ。かわいそうだと言って。しかし、息子が歩くようになったある日、「保育園を申し込んで」と言ってきたのである。近所の保育園を何度も見に行ったのだそうだ。子どもたちが園庭で遊ぶ姿を見ていて、「私じゃ、あんなに遊んであげられない。今の保育園は清潔で、楽しそう」と思ったという。

姑は敵じゃない。その懐に飛び込んでしまうというのも、一つの手だ。「お義母さん、一緒に保育園を見に行ってくれない？　私だけじゃ見落としがあるかもしれないから」と、最初から巻き込んじゃえばいい。夢と不安も、姑に聞いてもらったらいい。姑は、夫よりずっと腹がすわっているからね。

夫に、自分の不安をぶちまけるな。妻が何かを始めようと思ったら、夫は、不安の増幅器であると心得よ。

実際にことが始まったら、どうにもならなくて立ち往生している家族に知らんぷりはできない。知らんぷりを決めこむような情のない夫なら、いつか、捨ててもいい。

私は一時期、自分をシングルマザーで、夫を「なぜか子育てに協力してくれる友人」だと思って暮らしていた。そうすると、ブレずに主体的になれたから。それにシングルマザーのつもりでいると、夫はかなり協力的に見えたのだ（微笑）。協力的じゃなく、口も出さないタイプの夫なら、この妄想、悪くないかと。

愚痴の代わりにキャッチフレーズ

自分の考えを伝えるときも、女性はつい、愚痴から話を始めてしまうことが多い。まずは、「悲惨な現状」と「悲しい気持ち」をわかってもらいたいと思うから。けど、夫相手には、これも逆効果なのである。結論から言ったほうが、すんなり理解してくれる。

とはいえ、「今日はご飯作りたくない。ただ、だらだらしたい」なんてことは、真面目な主婦は言いにくいよね。

私は、言いにくいことにはキャッチフレーズを付ける。「家族みんなの幸せのために、今日、お母さん、ご飯作らない」と宣言してしまう。「どういうこと？」と聞かれたら、「今日はとにかく疲れてて、今、ご飯作ったら、きっとイライラしてキレちゃうと思うのよ」と告白する。夫と息子は、爆発物でも発見したかのように、そうっと後ずさって、なんとかしてくれる。

愚痴や文句のかたちにすると、「たいへんなのは、君だけじゃない」「俺だって、忙しいんだよ」なんて言い返されて、心が望んだところには着地しない。

ポジティブ・プレゼンテーションと、明るいキャッチフレーズで、ちゃっかり自分のしたいようにする。実のところ「ひ弱なふりをして、甘える」という手も効くのだが、これを多用すると、下に見られて、大事な提案が通らない。女は覚悟を決めるしかない。

とはいえ、たまには、「これ、とれない」「痛〜い。助けて」くらい言ってあげたほうが、男女の情が通うかも。今、この原稿を書いている2メートル先で、およめちゃんが、からんだ毛先をつまんで、このセリフを夫である息子に言ったら、息子が飛んできて、丁寧に解いてあげて、キスをしている（微笑）。

私は覚悟を決めすぎて、これが足りなかったんだなぁ、と、ちょっと反省。腹は夫の100倍すわっていても、ときどき、「できない～」と言って甘えるのが正解ですね、きっと。

勝手に一体化してくる夫

さて、うっかりすると、夫が妻を、自分の母親や手下のように扱うのには、わけがある。

男性脳は、身体拡張感覚が強い。車や道具を、自分の身体の一部のように扱う感覚が鮮明なのだ。タイヤが小石を踏んだら、まるで自分の足で踏んだようにリアルに感じる。車のテイルを、自分のジーンズのポケットくらいに身近に感じる。レンチやナイフのような道具もそう。だから、メカを操るのに、あまり躊躇せず、実際うまいのである。

幼い男の子が、ミニカーをじっと見つめながら、「ブーブー」と走らせたり（飽きずに一日中やっていたりする)、働く車に夢中になるのも、身体拡張感覚のなせる業だ。彼らの脳は、仕掛けのある機構に夢中になる。「仕掛けのある機構」＝メカや道具が手に入ることこそが、脳の憧れなのだ。

私は、若いころ、「人は、女に生まれるのではない。女になるのだ」というボーヴォワール女史のことばに感銘を受けたけれど、男の子を育ててみると、「生まれつきの性差はたしかにある」としか思えなくなった。一日中、車のおもちゃを見つめ続けたり、電車に夢中になって踏切から離れない女の子は、あまり見たことがない。男の子は、たいてい電車か車にはまるのに。

身体拡張感覚の強い男性脳は、妻をも、そのように感じてしまうのである。自分の身体の一部のように。だから、褒めないし、お礼を言わないのだ。自分の腕に「よくできたね」と言わないように、自分の心臓に「毎日、ありがとう」と言わないように。

その代わり、妻に先立たれると、身体の一部を失ったショックで、弱ってしまう。感謝もねぎらいもしない夫の方が、妻に先立たれたら、すっかり弱って、すぐに死んでしまう。優しい夫と、なにも言わないで妻の後を追う夫、案外、後者のほうが愛情が強いのかもしれないね。

できる妻ほど手足にされる

特に、反応が良くて、思い通りになる妻は、秀逸な道具と一緒なので、危ないのである。夫の脳が、妻を「秀逸な道具」だと思い込んでいるので、それを果たさないときに腹が立つからだ。切れるはさみだと思っていたのに、今日突然切れなかったら、腹が立つでしょう？　それと一緒だ。

「お茶」と言われて、美味しいお茶をすみやかに出す妻ほど、言うことを聞かないときの夫の怒りが大きい。普段、お茶なんか淹れない妻が淹れれば、感謝されるのに。理不尽に感じるかもしれないが、脳の認識的には、どうしたってそうなってしまう。

私は、男性向けの本では、妻を道具扱いするな、「お茶」「風呂」のように、単語だけで命令するな、と注意している。

この話を、50代のイタリア人男性にしたとき（私のイタリア語の先生である）、彼は、首をかしげてしまった。私のイタリア語力の問題じゃない。途中から、日本語に切り替えても、彼には謎のままだったから。

ほどなく、私にも、彼の戸惑いがわかった。イタリアでは、カフェの店員さんにもそんな言い方はしないからだ。「Un caffè, per favore.（お願いします）」である。それに、イタリア家庭では、カフェは男性が淹れるもの。イタリア人女性にそんなこと言ったら、「私も」か「今は要らないわ」のどちらかを言われる、と、彼は笑った。また、イタリアでは、妻を「お〜い」と呼んだりはしないし、遠くから呼びつけても絶対に来ない。「靴下？（なぜか、ここで爆笑）靴下を脱ぎっぱなしにしたり、見失ったりするのは、イタリアではバンビーノ（小さな男の子）だけ」だそうだ。

日本男子は、妻に甘えすぎ。しかし、甘やかしてしまう妻のほうにも、罪がないとは言えない。

あまりいい妻ぶらない

「お茶」と言われて、すみやかにお茶を出す。名前を呼ばれて、すぐに駆け付ける。「靴下」と言われて、5秒後に靴下を出す。もしかすると、これらはいけないのじゃないだろうか。

いい妻ぶって、ただの「いい道具」になってしまったら、それをやめられなくなる。今からでも遅くはないかも。「お茶」と言われたら、「私も」と無邪気に言ってみるのは、どうだろうか。

「秀逸な道具」を長年やってきた妻だと、夫のショックが大きすぎて、キレられると危ないので、「あなたの淹れたお茶も飲んでみたいわ。男の手で淹れたお茶は美味しいっていうから」と甘えてみる、というのはどうだろう。

熟年夫婦なら、聞こえないふりをして、「聞こえないのか」と言われたら、「耳が遠くなったのかしら。私ももうダメなのかも」と激しく落ち込んでみせたら？　遠くから呼びつけたり、単語で命令しなくなれば、「道具」感が多少薄れて、感謝したり、ねぎらったりするようになるかもしれない。

先日、ある方が、「うちの夫は、出かける寸前に、○○はどこだ、○○はないかって言い出す。あれが、本当にストレス」とおっしゃったので、この方は、できる妻をやってらしたんだなぁと感心してしまった。

我が家の夫は、自分で完璧に準備する。なぜなら、私がほとんど役に立たないからだ。「○○はどこだ〜?」と言われて、「え、○○? え、どこかしら。ひゃ〜、わからない。あーどうしよう。わ、私、ボケてる!?」とパニックになったことが何度かあって、それ以来、彼は私を当てにしない。

我が家のおよめちゃんは、我が家のサーチャー(みんなの「あれ、どこ?」に応えて、見つけ出す天才)。旅行の準備も完璧なタイプで、息子はすっかり頼っていたのだが、今年の夏休み、二人でバイクツーリングに出かけたとき、息子の着替えをすっかり忘れて、自分の着替えだけを持ってきたのだそうだ。炎天下に一日中バイクに乗って宿にたどり着き、パンツの替えがないと知ったときの息子の落胆は大きかったそうで、彼は「これからは自分でやる」と深く決心したのだとか。

「あなたとしたことが……完璧な準備屋さんにも、そんなことがあるんだね」と言ったら、「私も不思議なの」と困惑顔のおよめちゃん。しかし、結果オーライだ。自分のことは自分でしなさい、と何度言ってきたかわからない（少なくとも20年は言ってきた）息子に、いいお灸をすえてあげられた。

うっかり、夫の「秀逸な道具」になっちゃわないこと。優秀すぎる妻は、ボケたふりをしたり、ときにパニックになったふりをしてでも、完璧な妻にならないことだ。

弱みを見せて、頼り合う

先に、脳は、インタラクション（相互作用）に興奮するように作られている、と述べた。自分の存在や行動が、他者（人でもモノでも組織でも）になんらかの影響を与え、その反応が返ってくることで快感を覚える、と。

このため、自分がいなくても生きていける存在を、人は愛し抜くことはできない。

想像してみて。「たまには出かけてくるといいよ。僕が子どもの面倒を見て、家事もやっておくから」と言った夫。帰ってみたら、家は完璧に整っていて、好き嫌いなく食事をした子どもが、お風呂に入って清潔になっていて、すやすやと眠り、夫は余裕たっぷりにコーヒーなんか飲んでいたら、本当に嬉しい？　疎外感や劣等感に襲われないだろうか。

家は散らかり放題、台所はパニック、父子が自分の顔を見て、「帰ってきた〜」「ママ〜」と抱きついてくれたら、「なんなのよ」と怒りながらも、家族を愛しく感じるのではないだろうか。

弱みを見せて、頼り合うこと。

家族の絆は、それに尽きる。

それで言ったら、専業主婦は最強だ、と私は思う。夫に、自分の人生を丸ごと預けたのだから。男にとって、これ以上のインタラクティブは、あるだろうか。

なのに、完璧な主婦を目指すあまり、秀逸な道具となってしまい、夫に「俺がいなきゃ、生きていけない」と感じさせないのは得策じゃない。

そして、キャリアウーマンも気をつけなきゃ。「当然の責務」として、家事を分担すると、二人はただのスタッフになってしまう。

「朝、あなたの淹れたコーヒーを飲まないと、会議がうまくいかないの」と甘えてみせるくらいのテクニックを使おう。

愛は「してもらう」ことで稼ぐ

男と女は同権なのに、妻が夫に頼って甘えろとは、いかなることか、と、フェミニズムの方々には叱られそうだが、私は男性にも、愛する人に甘えなさいと言っている。男だって、弱みを見せなければいけない。

私は、男性にはよく「ウルトラマンの妻になったところを想像してみて」と言う。ウルトラマンである。何万光年のかなたの、知らない星の子どもの命を救いに、命がけで出かけちゃうんだ、この夫は。妻としてはわけがわからないが、それが、男の使命だと言うのなら、行ってらっしゃい、である。地球に3ヵ月の単身赴任。そんなことで、妻は絶望したりしない。

妻がウルトラマンに絶望するのは、ウルトラマンが弱みを見せないから。たまに帰ってきて、黙ってご飯を食べて、また出かける。それでは、自分がここにいる理由がない。彼の人生から締め出されたような気持ちになってしまうだろう。

ウルトラマンは、妻に弱音を吐かなくちゃ。「今日、ゼットンにここ蹴られて、痛かったの」くらい言って甘えればいいのだ。

「大丈夫？　うるちゃん、ふぅふぅしてあげるね」「ありがとう。君のおかげで、僕はまた戦えるよ」

そんなふうに心を通わすことができれば、妻にとって、夫はかけがえのないものになっていく。

ほらね、愛は、してくれることよりも、してあげることで強まるのである。子どもがかけがえがないのは、命を与え、食べさせ、世話をし続けるからだ。猫がかわいいのは、手がかかるからだ。

だから、夫の愛は、してもらうことでも稼がなきゃ。

夫だけじゃない、子どももそうだ。母親だって、子どもに弱音を吐いていい。励まされて頑張る姿を見せてあげたらいい。

「分析書、書くの嫌だ〜。チュウしてくれたら、頑張れるかも」「ネーミングのアイデアが出ない。アで始まることばを言ってみて」「こんなとき、男子はどんな気持ちなの？」

うちの息子は、私の無茶ぶりに、ほんとによく付き合ってくれた。そして、頼りにすればするほど、愛してくれた。

頑張りすぎない。してあげて、してもらう。してあげるのは「私がいるから、この人は生きられる」を実感するため。してもらうのは「僕がいるから、この人は生きられる」を実感させてあげるためだ。「自分がいるから」、そう思えることほど自己肯定感を高めることはない。それを家族にもプレゼントしよう。

〝なんでもしてあげたい〟病に気をつけて

してあげるのは、気持ちいい。自己肯定感を得られる。このため、女性は、〝なんでもしてあげたい〟病にかかってしまうことがある。夫を「妻がいなければ、パンツの場所もわからない。お茶一つ淹れられない」ように仕立ててしまうのは、自己肯定感が得られて、満たされた気持ちになるからじゃないだろうか。

夫がそれを積極的に望んだ、というケースもあるだろうが、妻がそれを助長したケースもあると思う。私も、新婚時代、夫に靴下も履かせてあげたい時期があったから、その気持ちはよくわかる。幸いにも私は、「完璧な妻」となって夫をスポイルするほどデキる主婦じゃなかったし、時間もなかったので、ほどほどですんだけど。とはいえ、この春、定年を迎えた夫に「ご飯、炊いておいて」と頼んだら、「水加減はどうするの？ここに置けばいいんだよね？　ご飯ボタンはいつ押すの？」と聞かれて、仰天してしまった。我が家に炊飯機能の付いたガスコンロがきて12年、夫に一度も炊かせなかったことに。

これから結婚生活を始める妻の方には、これを覚えておいてほしい。ついやりすぎてしまうことは、夫や子どもから、家庭での自己肯定感を奪うことになりかねないことを。新婚の高揚感の中では、自制して、努めて夫を頼りにするようにしたほうがいい。

また、夫にムカついてくると、デキる女ほど、「自分でやるからいい。なにもしてくれなくてけっこう」と思ってしまうけど、それは正しい戦略じゃない。夫がなにもしてくれない、家族に情がないと思ったら、そのときこそ、「してもらう」作戦を発動させなきゃ。

そもそも、「してもらう」が足りなかったから、「怠惰で、情がない」夫に仕上がったのだ。

情のない夫に、もう一押しするしなやかさ。それこそが、女の踏ん張りどころであり、夫婦の縁の分かれ目である。

あなたがいなきゃ、生きていけない

というわけで、自分にできないことを明確に夫に丸投げにして、「あなたがいなきゃ、生きていけない」を表現することも大事である。蕎麦がうまくゆでられない、テレビの予約録画ができない、縦列駐車ができない。そんな些細なことでいい。

我が家のそれは、長らく「電球が替えられない」だった。不器用な私は、スクリューキャップが苦手なのだ。ジャムの瓶でさえ、なかなかまっすぐ閉められないのに、上を向いて電球を回すなんて、とうてい無理。

このため、トイレの電球が切れたら、夫が帰ってくるまで待つようなありさまだった。「僕がいなかったら、どうするの?」「だから、長生きしてね」が、私たちの愛の営みだったのに、思いもよらずLEDの時代に突入。この前替えた電球は、計算してみたら、20年はもちそうだ。夫が先か、電球が先か、っていうくらい未来である。

というわけで、今は、他のことに分散中。蕎麦、コーヒー、お風呂のカビ取り、アイロンがけは、彼の得意技。欠けたお皿の金継ぎはプロ並み。彼が育てるベランダいっぱいのハーブがなければ、お料理もできない。予約録画は彼がいないとできないし、着物の着付けは、もう彼なしでは無理。

最初は、作戦のために始めた「あなたがいないと生きていけない」だったけど、今は、本気でそう思っている。かけがえがない。

夫婦の「かけがえがない」は、ささやかなことから始まる

かけがえがない、ということばは、深くて重い。命の重さだ。

親が子に思うかけがえのなさは、なんの条件も要らない。ただそこにいるだけでかけがえがない。息子に不幸が起こることを止められるのなら、今すぐ、命を投げ出してもいい。彼を初めてかいなに抱いたその日から28年経った今でも、その気持ちは１ミリもゆるがない。

恋に落ちてしばらくは、男女の間にだって、その「存在のかけがえのなさ」がある。

しかし、夫婦の間のそれは、放っておいては枯れてしまう。植物のように、培わなければ

ば。日ごろのねぎらいや差しのべる手で。頼りにしたり、頼りにされたりで。

「かけがえのなさ」は重いけれども、それを保つためのコツは、日常のささやかなこと、とても軽いことなのである。だからこそ、夫婦は難しい。

美味しいコーヒーを淹れてくれるから、夫にはかけがえがないだなんて、ずいぶん夫を軽く見ていると思う人がいるかもしれないが、忙しくてパニックになっている私に、黙ってコーヒーを淹れてくれる夫の気持ちに、かけがえがないのだ。長い出張に出かける朝、淹れたてのコーヒーで見送ってくれる夫の気持ちに、かけがえがないのだ。「寂しいよ」とも「頑張れよ」とも言わずに、差し出すコーヒーに、私は優しく背中を押される。

優しいことばを言えない男が、その優しさを伝えるアイテム。それこそが、妻が差し出す「あなたがいなきゃ、生きていけない」なのではないだろうか。

そのためには、ほんの少し、不器用なふり、弱いふりをしてもいいのでは？

いってらっしゃいのハグ

私たち夫婦が、50代後半にさしかかったときのこと。

ある日ふと、「そういえば、しばらく、夫に触れていないな」と気がついた。これはまずいのでは？　という予感がよぎった。このまま、彼の肌に触れなくなってしまったら、介護が始まったとき、触るのが気持ち悪いのではないか。彼に触れる癖をつけておかなきゃ。

そこで、彼の出勤を見送るとき、「いってらっしゃい」のハグをすることに決めたのだった。互いに軽く体を抱き寄せて、右頬を合わせる。昔から、息子の国際化教育のために（彼が外国でスマートに振る舞えるために）、母子ではハグをしてきたのだが、夫は蚊帳の外だった。

それに、そのころ、私は、アルゼンチンタンゴを習っていて、ハグが日常だったせいもある。アルゼンチン人の先生たちは、男も女も親密なハグ（交互に両頬を合わせるハグ）で迎えてくれ、親密なハグでレッスンを終える。あれは、一期一会感があって、本当に素敵。はるばる地球の裏側からやってきて、運よく君に会えてよかった、そんな気持ちを毎回伝えてくれる気がする。

というわけで、「あなたに会えてよかった」を毎朝伝えるハグである。

最初は、私もそう嬉しくて始めたわけじゃなかった。夫も、引け腰である。しかし、「このままじゃ、将来、あなたを介護できないかも。そんなのヤでしょ」と言ったら、素直に従った。

おずおずと始めたハグだったが、100回を超えるころには、かなりスマートに交わせるようになり、1000回を過ぎたころからは、出先で別々に別れるとき（たとえば、家電販売店でカメラと扇風機に別れるとき）にも、さりげなくハグを交わすようになった。継続は力なり、である。はたから見たら、いかにも互いを大切にし合っている夫婦のように見えるはず(^_-)

かたちから入る情もある。こうして触れ合っていると、触れ合う前とは違う親密感が漂っているのである。「いかにも互いを大切にし合っているように見える夫婦」だったのが「たしかに互いを大切に思っている夫婦」に変わろうとしている。まだ発展途上だけど。

夫婦の肌を触れ合う習慣を、何か始めてみてほしい。

いってらっしゃいのハグ。恥ずかしかったら、握手でもいい。

１万回の握手

少し前に、藤竜也さんと対談させていただいた。

藤さんは、とてもそうは見えないけれど、70代後半。６つ年上の奥様は、80代半ばにさしかかろうとしているという。

あるとき、どうしても奥様に触れたくなって、そっと腕に触れたら、「何？　ごみでもついていた？」と聞かれてしまい、「うん、まぁ」と応えたという。仲が悪いわけじゃないけど、今さら触れ合うのにも理由がいるんだね、この年になると、と、藤さんは照れ笑いをした。

そんなある日、家に帰ったら、奥様がソファで眠っていらした。急に不安に襲われて、息をしているか確かめてしまったそうだ。

で、藤さんは決心した。毎晩、寝る前に握手をしよう。お互い、この年になると、眠っている間に何があったっておかしくない。これが最後かもしれないじゃないか。

というわけで、毎晩、おやすみなさいの握手をするという。「そうしたら」と藤さんは教えてくれた。「彼女の手が美しいんだよ。もちろん、血管の浮き出た老人の手だよ。でも、美しいと感じるんだ。目の前に若い女性の白魚のような手があっても、ちっとも美しいと思わなくなった。彼女の手が愛しくて、ときどき涙が出る」

私は、胸を衝かれて、しばらくことばを失った。

「妻であること」の意義、ここに極まれり。

読者の方は、なにも80歳まで待つことはない。たとえば、定年（60歳）と共に始めたって、90になる前に1万回の握手ができる。1万回の握手をした相手。人生に、これほどかけがえのない相手はいるだろうか。

結婚の正体

ちゃんとできることを証明してみせなくても、妻の価値は変わらない。男にとって、妻とは、唯一無二の存在で、他の女性と較べないからだ。母という存在が唯一無二なのと同じように。子どもが、どんなにひどい母親でも、別の女に替えてほしいとは思わないように。

そう、夫にとって妻は、妻となった時点でかけがえがないのである。その気持ちは、妻のそれよりも盤石だ。だからこそ、「日常の手当て」が必要だとわからず、妻に気を遣わずに、のほほんと生きている。そう考えると、無邪気に「お茶」という夫の、なんて愛しいことよ。

妻になった時点で、女は、何か確実なものを手に入れたのである。

「誰かの恋人」であり続けることは女の理想だが、一人の男を相手に、妻であることと恋人であることとは、そう長くは共存できない。女はそのどちらかを選ぶしかなく、夫に関しては、覚悟のあるとなしとにかかわらず、前者を選んだのである。

夫を、恋の延長線上に置かず、家族のアイテムとして捉える。恋の輝きを、家族の絆に換えていく。やがて、家族というものに感じるかけがえのなさが、夫への愛に転じるようになる。甘くもなければ、キラキラもしていない。ただ、しみじみとするもの。それが結婚の正体なのだろう。夫婦にしかできない時間の使い方である。

せっかく手に入れたそれを、ないものねだりで陳腐化させたりせず、「優しいことば」や「察して、手を差しのべること」なんかで愛を測らず、なんとか生きていく。きっと、あらゆる結婚が、そういう女の知恵と努力で支えられているのに違いない。第1章に書いたように、自然界の神様は、二人を分かとうとしているのだから。

ということは、この本を手にしてくれた妻の数だけ、その努力はあるということだ。かくいう私もまだまだ、細い橋を渡っている。ときに夫にうんざりしているのは、あなた一人じゃない。一緒に、幸せになりましょうね。

第4章 脳とは、かくも厄介なものである

この章では、脳が作り出す、人間関係の機微についてのエッセイをお届けしようと思う。

夫婦の確執を作り出す脳は、ほかにも人間関係の軋《きし》みを生み出しているのである。「夫の取り扱い」、わかっちゃいるけど、やっぱりうんざり、となったときの箸休めに(微笑)。

■カサンドラを疑え

カサンドラを知ってますか?

ギリシア神話に登場する、トロイの王女の名である。太陽神アポロンに愛されたカサンドラは、アポロンから予知能力を授かる。しかし、アポロンの愛を拒絶したので、「その予言を誰も信じない」という呪いをかけられてしまう。真の予知能力がありながら、その出力を封じられてしまうという恐ろしいストレス!

私は、わずかだけど、カサンドラの気持ちがわかる。語感の正体が発音体感であることを発見したとき、私の発言は、私が「博士」でも「東大あるいはそれ以上の海外の超一流学府出身」でもないことを根拠に、半ば罵倒されて封じられた。後に、その発見を本に書いて、その本を読んだイギリスの言語学者が「それを発見したのは、東洋人の女なんかじゃない、ソクラテスである」と揶揄したことをきっかけに、逆に、私の発見は認められるようになったのである。

私は真理を知っている。なのに、私が発言することで、その真理が必要な人のもとへ届かない。「真理」に対して申し訳なく、「発見したのが私でごめんね」と常々思っていたので、「ソクラテスの発言」と称することでそれが叶うのなら、それでかまわなかった。「……と、ソクラテスが言っています。プラトンの〝クラテュロス〟という文献の中で」というだけで、あんなに開かなかった門戸が開く。あまりにあっさり信用してくださるので、「文献のコピーをお送りしましょうか？　なんなら原文で」と言うと、「あ、いや、けっこう」と言われたりして。

人は、いったい何を信用するのだろう。自らの発言を封じられたときより、ソクラテスの発言をあっさり信じる「一流といわれる人々」を見たときのほうが、私は心が折れそうになった。人類を信じられなくなって。

それでも、ソクラテスがいてくれてよかった。ソクラテスがいなかったら、私は今も〝カサンドラ〟でいたかもしれない。

さて、その悲劇の王女の名をとった、カサンドラ症候群という状態がある。アスペルガー症候群の夫を持つ妻に起こるストレス症状の総称で、慢性の強い疲労感、不眠などを経て、やがて偏頭痛や、涙が止まらないなどの強いストレス反応を示すようになる。

アスペルガー症候群の人たちは、著しく共感力が低い。彼らのそばにいる者たちは、共感してもらえないのである。共感してもらえない、心を尽くしたことに気づいてもらえない暮らしというのは、女の脳にとって、とてもとてもつらい。

しかし、暴力をふるうわけでも、浮気をするわけでも、ギャンブルに溺れるわけでもない行儀のいいアスペルガー夫は、世間から見たら、それほど問題があるようにも見えない。本人も周囲もアスペルガーだと自覚していないケースも多い。となると、妻の訴えは、「単なる甘え」や「幸せな人の愚痴」として軽視され、やがて、自己肯定感を失い、自律神経のコントロールができなくなる。妻自身の症状（更年期障害やうつ）などと診断されて、向精神薬を飲まされてしまうことも少なくない。

昨今、アスペルガー症候群とまではいかなくても、共感能力の著しく低い人が増えている。人の話を聞くとき、通常は、話し手と呼吸を合わせ、うなずいたり、あいづちを打ったりするものだ。意識なんかしなくても、自然に。

ところが、うまくうなずけず、「なるほど」「うんうん」「あ、そうね」などのあいづちを打てない人がいる。周囲と呼吸を合わせられないから、集合写真に写るときもうまく笑顔が作れない。

本人には悪気はないのだが、周囲にしてみれば、「終始機嫌が悪く、話を聞いてない人。周りに興味がない人」に見える。家庭では逃げようがないが、職場なら、みんなが遠巻きにする。本人は傷ついて、「この部署は居心地が悪い。上司は理解してくれない、ちゃんと指導してくれない」と言い出す。

こういう部下を持つと、上司がカサンドラ症候群の症状を呈してしまうことがある。なにせ、親切に指導してやっても、うなずきもしないくせに、「聞いてるの？」と言えば、「聞いてるから、ここにいるんです」なんて逆ギレし、勝手に恨みを募らせてくるのだから。

職場で、優秀なリーダーがメンタルダウンしたら、そばにおそらく「うなずけない部下」がいる。しかも、共感力の低い若者は、これから確実に増えてくる（その理由は次項に書く）。本人を病気と呼ぶ前に、カサンドラを疑うべきである。

■共感障害とどう付き合うか

カサンドラ症候群は、アスペルガー症候群の人のそばにいる者に起こる症状の呼び名である。自己肯定感の低下、不眠、偏頭痛、パニック障害などがあげられる。

アスペルガー症候群は、発達障害の一種とされるが、日常生活に支障のあるような知的障害はない。ただひたすら共感力が低いのである。

人の話を聞くとき、通常は、無意識のうちに相手と呼吸を合わせ、うなずいたり、共鳴動作（一緒に首をかしげたり、手を動かしたり）をしてしまうもの。その共鳴感が、話し手を安心させる。アスペルガー症候群の人はこれがしにくい。

人に共鳴できないので、人の思いや動線を察することができない。暗黙の了解が成り立たず、集団行動がスムーズにできず、人間関係もいやに遠巻きかと思えば、妙にずうずうしかったりする。

周囲から見れば「デリカシーのない、勝手な人」なのだが、本人はそんな気は毛頭ない。それどころか、周囲の人々の気持ちや周りの状況がよくわからないので、けっこう神経質なのである。その表れが、ルールへの固執。周囲の変化についていけない以上、規範だけが頼りなのだ。

このため、一度決めたことを簡単に変えられないし、勝手にルールを破る人を許せない。「今日は雨がひどいから、ゴミ出しはパス」のような、生活者としては当たり前の例外処理に逆上することがある。また、前言撤回もなかなか承服できない。「イタリアンを食べたい」と言って家を出たのに、車の中で「やっぱり中華もいいかも」なんて言おうものなら、急に不機嫌になって「君は、イタリアンって言ったよな」としつこく糾弾してくることも。いずれも、彼の脳の中では、「世界観の壊れ」であり、軽いパニックを起こしているのだ。本人の脳内を慮《おもんぱか》れば、本当にかわいそうなことなのだが、妻や部下にしてみたらたまらない。なにせ、ねぎらってくれず、心を寄せてくれず、ちょっとした暮らしの例外処理に逆上したり、言質をとって「君はこう言った」と糾弾してくるのだから。

周囲の気持ちにいちいち引きずられない脳の傾向は、好奇心を貫き、尋常じゃない集中力を発揮できるため、理系の天才やトップアスリート、匠と呼ばれる人にも多いと言われる。私から見たら、優秀な理系男子の7割が、軽い〝アスペルガーくん〟に見えるけどね（微笑）。でも実際、このタイプの脳がなければ、科学技術はちっとも前に進まない。

アスペルガー症候群とはいかないまでも、これに準じた共感障害とルール固執を呈する男子はけっこう多い。周囲は、理解して愛してあげてほしい。愛や思いやりがないのではなく、共感障害があるだけだ。妻に捨てられたら、きっと静かに衰弱してしまう。意外にも妻頼りの繊細な夫なのである。

カサンドラ症候群の一番の治療は、この事実を知ることだ。自分が悪いから夫を逆上させてしまうのではなく、彼の愛や思いやりの欠如でもなく、脳の神経信号の傾向であると知ること。

そして近年、アスペルガー症候群とまではいかなくても、共感力の低い若者（共感障害者）は、確実に増えている。

理由は、おそらく、母と子の共鳴動作の減少である。

ここ20年くらい、私が気づいていることがある。赤ちゃんの喃語《なんご》に応えない母親が増えているのである。喃語とは、「ぶぅ」とか「ばぁ」とかいう、ことばになる前の音声。実は、これに応えてやることこそ、子どものコミュニケーション能力の基礎構築なのである。

しかも、母親は自然に音程まで揃える。高い音程で「ばぁ」と言われれば、高い声で「ばぁ、なんだぁ」と応え、低い音程で「ぶぅ〜」と言われれば、低い声で「ぶぅ〜よねぇ」と応える。子の喃語の反復と音程揃えは、人間だけの専売特許じゃなく、ザトウクジラもする。音声をコミュニケーションの手段にしている動物の脳の発達にとっては、必要不可欠の入出力なのだろう。

さらに授乳中に、母親が表情を見せてやり、穏やかに語りかけることで、子は、共鳴動作を学ぶのである。

人類の長い歴史の中で、自然に行われてきたこの母たちの動作が、ここ20年で、激減している。公共交通機関の中で、赤ちゃんの喃語に対して無言の母が見受けられるようになった。気になって振り返ってみると、母親が携帯電話に夢中なのである。おそらく授乳中も同様のはず。

私は若い母親たちに警告を発しているが、そんなことじゃ、携帯端末依存は止められない。共感障害者はおそらく増える一方なので、学校や企業は対策を練らなくてはならない。共感障害の生徒を預かる先生たちは、その無反応さに心が折れてしまうことがある。やがてカサンドラ症候群を呈することも。共感障害の部下を持つ上司もそうだ。志高い者ほどやられてしまう。社会全体がこのことを知らないとたいへんなことになってしまう。

■男たちの落ちる罠

男性脳には、無意識のうちに空間のさまざまな点をちらちら見て、「空間」を把握する癖がある。

長らく狩りをしながら進化してきた男性脳には、自分を取り囲む空間の広さや、そこに配置されているものの位置関係などを無意識のうちに把握しておく習性が刷り込まれている。

向こうから飛んでくるものが獲物であれ敵であれ、瞬時に察知して、それが飛んでくる軌跡と時間を、正確に予測しなければならないからだ。また、この空間把握力を使って、地図もGPSもない時代に、標識のない荒野をはるばると行き、家族の居所まで帰ってこられたのである。

それが見渡す限りの広い開放空間であれ、レストランのような閉じた空間であれ、男性脳の持ち主のすることとは変わらない。目の前に広がる空間をくまなくチラ見して全体を把握し、特に、遠くで動くものには、かなりの集中力で注視する。

それは、優秀な男性脳の証。危険を察知し、獲物を持って帰るための、戦略力に長けた脳の自然な行為なのである。

しかし、これが、ときに物議を醸す。

先日、行政の婚活事業の一環で行われたカンファレンスで講演させていただいた。婚活事業で「仲人役」を担っているボランティアのみなさんを対象とした、若い男女を指導するための「男心と女心がどんなところですれ違うか」講座である。

その中で、私はこんなアドバイスをさしあげた。「レストランで、壁際の二人席に座るときは、絶対に女性を壁際に座らせなければならない。男性が壁際に座ると、カップルはうまくいかない」

理由は、壁を背にして座ると、店全体を眺めることになるからだ。男性の目線は、店全体を泳ぎ、扉を開けて入ってきた女性や、テーブル間を動くウェイトレスに、けっこうしっかりと照準を合わせてしまう。

これは、「狩りをしながら進化してきた男性脳」の自然な所作なのだが、ロマンティックモードの女性脳には、「自分に集中してくれない。気のない男」に見えてしまうのである。

なにせ女性脳は、目の前の「動かないもの、比較的動きが緩慢なもの」への集中力を見事なまでに継続できる。こちらは、居所を守り、もの言わぬ赤ん坊を察する力だけで育て上げてきた性である。

昔、精密機器の組み上げ作業を人の手で行っていた時代には、その生産ラインを支えたのは女性たちだった。手元の定型作業への集中力を継続するのは、女性脳のほうが得意だったからだ。

もちろん、男性脳に細かい作業ができないわけじゃない。伝統工芸品を作る匠たちを思い浮かべてみればいい。しかし、定型の精密作業に長時間、無心に集中できる力は、やはり女性脳にはかなわない。

女性は、その力を使って、デート中の男性に注目する。じっと見つめて、その息遣いさえ見逃さないようにしているのだ。その女性の前で、他の女性をチラ見して、話に上の空なんて、失礼すぎる。でしょ？

というわけで、男性は、その状況に自分を追い込まないことが大事。刺客に襲われる心配がなければ、レストランでは、女性を壁際に座らせ、自分は壁を向くことだ。

これは、もう一つ、紳士としての配慮にもなる。人や料理が動く通路側に女性を座らせて、ドレスが汚れたり火傷をさせるリスクから女性を守るためのマナーとして。

――なんていう話をしたとたん、講演会場全体から「あー」というため息が漏れた。後から聞いたところによると、マッチングで、女性から断ってくる理由の第1位が「あの人は、私に集中していなかった。他の人をちらちら見てました。私じゃないんじゃないですか」だそうで、仲人ボランティアの方々は、日ごろ、男性には「目の前の女性に集中しなさい」と注意しているそうなのだ。

そんなこと言っても、とっさに潜在意識で取る行動は、顕在意識では止められない。お見合いは、男性が目をそらさないですむ環境を整えてあげなければね。

男女は、無意識のうちにとっさに取る行動が真逆なので、相手の「誠実」（空間をチラ見することで、目の前の大切な人の命を守る行為）に「不実」（他の女性に目移りしている）を感じてしまうのである。

この罠、当然、お見合いに限らず、女性上司に説明を受けている男性部下や、女性顧客に企画提案をしている男性営業マンにも起こりうる。ちゃんと聞いているのに、「ちゃんと聞いてるの!?」と逆上されたりね。男たるもの、自分の立ち位置（座り位置）には、心を砕いたほうがいい。

■「定番」がわからない

最近、私は、２つの大きな衝撃を受けた。

それは、自分が左利きだったことと、自閉症スペクトラムだったこと。60年近く生きていて、初めてそれが判明したのである。

長らく、自分は「普通」だと思って生きてきた。「世の中」とずれているところがあるのはうすうす気づいてはいたものの、「脳の認知傾向」と「身体の制御方式」が、根本から世のマジョリティと違っていただなんて……！

そりゃ、世間とすれ違い、なにかと不器用で悪目立ちするわけだ。

思い返せば、学生時代、目の前のクラスメートが急に怒り出して、「ひどい。あなたとは絶交！」と言われたことが何度かあった。「私、何か悪いことをした？」と聞き返すと、「それが一番腹が立つ」となじられる。私には、青天の霹靂だった。今もって、何に腹を立てられたのかがよくわからない。

思えば、高校時代まで、私は女子トークの構造をよく理解していなかった。「私なんて、ぜんぜんダメだから」と言われたら「そんなことないよ〜」と返さなきゃいけない。「こうすれば大丈夫だよ」なんてアドバイスをしてはいけないのである。

他の女子たちが、誰に教えられずとも自然に身につけていく、こういう女子トークの定番の応酬モデルが、私にはいっこうに認識できていなかった。定型の認識フレーム（ものの見方、感じ方、振る舞い方の規範）が作りにくい、というのが自閉症スペクトラムの特性なのだ。

私には、この体験があるから、男性たちの戸惑いがわかる。

女性の愚痴や悩みを真剣に聞いて、有効なアドバイスを短時間で弾き出したのに、いきなり「ひどい」と逆ギレされてしまう。自分の何が悪いのか、いっこうにわからない。あまりの急展開にびっくりして、自分の直前の発言さえもうまく思い出せない。理由を聞いても、「何を怒っているのかわからない？　それが一番腹が立つ！」と泣き出したりする。狐につままれたような、悪い魔法にかけられてしまったかのような、エアポケットに落ちてしまったような、あの瞬間……、とにかく恐ろしい。私は、それを、身をもって知っている。

認識傾向の違う脳が共に生きるというのは、なかなかに厄介だ。片方が「当然、返ってくるはず」と想像することばを、もう片方は持ちえない。それどころか、「ありえない」ということばを、親切のつもりで言ってしまう。

「すみやかな問題解決と結論」が気持ちいい脳は、相手の話を途中で遮ってでも「すみやかな問題解決」をしようと試みる。迅速こそが誠意だからだ。

しかしながら、「細やかな察しと共感」が大事な脳には、これは残酷だ。「君に起こったことや、君の思いなんて、取るに足らない」と言われているようなものだから。傷ついて、腹が立ち、涙がこぼれる。

私が男女の脳の認識フレーム（世の中の見方、感じ方のテンプレート）が絶望的にすれ違っていることに気づき、その差異を明らかにしようと思い立ったのは、私自身が自閉症スペクトラムだったからなのだろう。世の中の規範がよくわからないから、どちらの言い分も「たしかに、そうだよね」と思えてしまうのである。

私には、ずっと、自分の立ち位置がわからなかった。運動会の徒競走も、あれが「一生懸命走って順位を競う競技」だと認識したのはかなり後になってからだ。自然に「勝ちたい」とは思わないので、意味がわからなかったのだ。ただ動物としての本能で、群れから離れるのだけはやばい気がして、頑張っただけ。一番になるために走るなんて、みんな、それを誰に教わるのだろう。親から言い含められるのだろうか。

左利きの自閉症スペクトラム脳なんて、究極のマイノリティである。マジョリティの勝ち組になれるわけがない（そもそも、世間が何と戦っているのかわからないのだもの）。そうとわかれば、覚悟が決まる。

思えば、誰もがマイノリティである。ビジネス社会では女性脳がマイノリティ、家庭では男性脳がマイノリティである。数の問題じゃない。組織のありようと、それぞれの脳の認識フレームのありようが一致しているかどうかだ。

どんな組織でも、マイノリティは分が悪い。会社では女性が、家庭では男性が居心地の悪い思いをしている。会社に女性の居場所を作り、家庭に男性の居場所を作る。それが私のライフワークである。

■上司はバカなのか

「やる気あるの?」

「話、聞いてる?」

「今の話、文書にまとめて、メールでくれる?」

昨今の流行りでは、これらは、バカな上司が言うセリフなのだそうだ。言われた側は、「やる気があるから、ここにいるのに、何言ってるわけ?」などと思うらしい。

私はただただびっくりした。このセリフを言われるとしたら、悪いけど、その部下はよっぽど仕事ができない。

「やる気あるの?」と聞かれたということは、上司からやる気がないように見える、ということだ。返事が重たい、聞かれたことに答えていない、姿勢が悪い、目がとろんとしている、口角が下がって不満そうに見える、メモを取らない……。そういう部下は、必ずこのセリフを言われる。

私が開発チームのリーダーだったとき、打ち合わせでメモを取らない女子の部下がいた。彼女にメモを取りなさいね、と声をかけたら、「私、忘れないんで、メモは不要です」と答えた。若い女性脳は1時間分くらいの会話はほぼすべて覚えておけるので、彼女の言い分は理解したが、私は彼女にメモを取ることを再度要求した。「メモは自分のために取るわけじゃない。話し手を安心させるために取るものなのよ。あなたの話をちゃんと聞いてます、わかってます、忘れません、という意思表示」と。

ビジネスシーンでは、やる気があるかどうかより、やる気があるように自分を演出できているかどうかが大事なのである。「やる気があるのに、そう見えない」は、プロとして最も恥ずかしい。もし上司にこのセリフを言われたら、「私のどこがそう見えますか？　どうか、教えてください」と食い下がらなくちゃ。

「今の話、メールでくれる？」と言われた女子は、20分も電話で状況報告をした挙げ句にそのセリフを言われて、電話を切った後、「今の話が理解できなかったなんて、頭が悪すぎる。私の20分を返して」と叫んだのだそうだ。

それこそ、上司が言いたいに違いない。今のだらだらした話をまとめてみなさい、という指導を、「私の話が理解できないバカ上司」と一刀両断にしてくるなんて、なぜそんなに自信があるのだろう。

この話を私に教えてくれた人は、こう話してくれた。「今流行りの考え方は、上司は部下のサーバント（召使い）。部下をいかに気持ちよくさせて、成果を上げさせるかが上司力だと言われています」

私は頭を抱えてしまった。今のビジネス社会に、私が何をしてあげられるのか、途方に暮れてしまったからだ。

私の研究の中に、感性トレンドという発見がある。脳の周期性にのっとって、大衆全体の感性は、28年で真逆になり、56年で元の位置に戻る。

「24時間戦えますか」というキャッチコピーが印象的だったリゲインのCMは、1988年に登場した。当時は、大衆全体が向上心に尖っていた時代で、長時間拘束も苦じゃなかった。徹夜も「文化祭前夜」のような高揚感と共にこなしたと、多くの元若者が証言している。「叱られても叱られても、挑戦する俺（私）」がカッコよかった時代なので、上司に叱られてもへこまなかった。普通のOLが、その向上心の向かう先を探して「留学してMBAを取る」なんて言い出す時代だった。

さて、その28年後の2016年は、人々が「長時間拘束、叱られること」を最も苦痛に思う年回りである。電通の若い女性社員が長時間労働を苦に自殺したことが話題になり、ヤフーが週休3日を宣言した。その56年前の1960年には、松下幸之助氏が「週休2日制を数年以内に実現する」と宣言して、話題をさらった。その2~3年後、植木等のお気楽サラリーマンが流行った。2019年の今は、その時代と同じ気分の中にいる。1988年にモーレツサラリーマンだった上司の世代には、今の若手の気持ちはとんとわからない。

スポーツ界では、1980年代に脂の乗った指導者だった団塊の世代が、パワハラ発言で次々と失脚している。自分が調子に乗り始めた年から28年経ったら、人は直接的な権力からは引退すべきなのかもしれない。

今の若者は、と、嘆いていても仕方ない。28年経ったら、またモーレツサラリーマンの時代に戻るのだし。けれど、優しさで満ちている今の時代だからこそ、「やる気」の表現を知っている者はやすやすと出世できるような気がする。

大切な部下には、「やる気は、見せることが大事」と〝優しく〟解説してあげたいものである。本当は「やる気あるの？」と同じ意味なのだが、今言うと、バカに間違えられてしまうからね。

■妻のトリセツ

あるニュースショーに出演したとき、出演者の男性コメンテーターから「女に共感が必要なことはわかるけど、なぜ男が女に合わせなきゃいけないんだ？　女が男に合わせてくれてもいいじゃないか」と反論された。

私は、「〝女性に共感しなさい〟とは一言も言っていない。〝女性脳は共感がないとうまく動かない〟と言っているだけ。共感するかどうかは好きにしてください」と返した。

マニュアル車は、クラッチペダルを踏まないと動力が適切に駆動部につながらない。クラッチペダルを踏まずにアクセルを踏んでも車は動かないのである。あるいは、クラッチペダルを踏まずにブレーキを踏めばエンストしてしまう。

女性脳にとっての「共感」は、マニュアル車のクラッチペダルに似ている。まず気持ちに共感してあげないと、どんな意見も「駆動部」に届かないのである。

「君が悪い」と言う前に、気持ちに共感する。「そんなこと言われて、傷ついたよね。

たいへんな一日だったなぁ。」なんていうふうに。つらい一日を過ごした後の女性が欲しがっているのは、正論（問題解決）じゃなくて、共感とねぎらい。それさえあれば、今日一日が無駄じゃなかったと思えるからだ。

謝るときも、気持ちに謝る。「早く帰るって言ったじゃない！」と言われたときも、「急な残業なんだから、仕方ないだろ」と毒づく前に、「心細い思いをさせてごめん」と謝る。女性が謝ってほしいのは、遅くなったという事実に対してじゃなく、待たされて連絡が取れなくて心細い時間を過ごした自分の気持ちに対してなのだから。

女たちは「急な残業」を許している。それを怒っているわけじゃない。「心細かったね」と優しい声をかけてくれない情のなさを悲しがっているのだ。なのに、「急な残業だから仕方ないだろ」ですって？　このうえ「仕事に理解のない社会性のない女」みたいに扱うなんて、どういうこと⁉　正論は、女性を二重に傷つける。

女性脳は「共感」で回っている。「共感」でシフトチェンジして、嫌なことは忘れ、いいことは倍増させる。

私が言っているのは、ただそれだけだ。

マニュアル車に乗って、「僕は絶対にクラッチを踏まないぞ」と主張するのなら、お好きなように。車は思い通りには動かないが、それも人生の悲哀と楽しめばいい。

くだんの男性コメンテーターは、「うちの女房は違うと思う。よくできた女だから」とさらに主張した（テレビ的には面白い展開）。けれどのちに、「家に帰ったら、放送を見ていた妻に、黒川さんの言う通りだ、と言われました。これからは教えに従います」なんて、キュートなメールをいただいた。

私は、男性脳にも大いに同情している。

男性脳は、半径3メートル以内で起こっていることに、とんと意識が行かない。目の前のものを見逃すし、妻の所作の多くも見逃す。だから、妻が「当然、わかっていて、きっと手を差しのべてくれるはず」と思っていることに気がつかないのである。

赤ちゃんのおむつを替えていて、赤ちゃんがごろんと寝返りを打ったために、お尻拭きに手が届かなくなる。「あちゃ〜」と困っているのに、傍らにいる夫が無関心。こんなとき、妻は深く絶望する。しかし、それは「妻の状況をわかっていて、あえて無視した」のではなく、妻の状況を把握していないだけなのだ。怠慢も悪意も0・1ミリもないのである。

長らく狩りをしてきた男性脳は、半径3メートルより外側の広い世界を「かいつまんで見る」ように進化してきた。向こうから飛んでくるものに瞬時に照準を合わせるためだ。半径3メートル以内の世界は、女性に任せてきたのである。何万年もそれでよかった。それでよかったのに……。

今は、半径3メートル以内の世界でも、妻の気に入るように動くことを期待されている。しかも狩りを終えて（定年退職して）家に入ってから、まだ40年も生きる時代に突入してしまった。21世紀、男はつらいよね。

■人生最大の正念場

わが家の夫が定年退職して3ヵ月になる。

夫が家にいてくれることが、こんなに安心で便利だなんて、予想外だった。

なぜならば、先輩妻たちの、「定年して家に入ってきた夫」が邪魔だ、気持ち悪い、ストレスでしょうがない、という声を山ほど聞かされてきたから。

考えてみれば、私たち夫婦は、互いの家庭内プライバシーがしっかりしてるし（二人の適正室温や寝る時間があまりにもかけ離れているから、互いの個室を持つようになって20年になる）、「夫の定年」で基本はなんら変わらない。夫が私のプライバシーを侵害することなく、やってくれる家事タスクが自然に増えただけなのだ。

「家事の分担」なんて、そんな高度なやり取りはいっさいない。「お昼食べなきゃ、間に合わない！　あ〜、でもシャワーも浴びなきゃ。ひゃ〜」とうろうろしてると、夫が「エビピラフ、チンしてあげるよ」なんて、言ってくれる。「もう出かける時間だ。洗濯物、干し終わらない〜っ」が何度かあったら、「洗濯物は全部やるから、気にしないでいい」と言ってくれた。「コーヒー淹れておいたよ」も、日常に。ん？　こんな簡単なことが、なぜ、みんなできないの？

するとと、今朝、あるメディアから質問が届いた。「男にとって、定年は一区切り。一方で主婦の家事は一生終わらないと言われています。主婦である妻にやってあげられることは何ですか？」

一見、男の優しさのようだが、この質問自体が絶望的だと、私は思った。

働く女性と、働く妻を持つ男性は、そもそも外の仕事と、家のタスクが別物じゃない。「このタスクを終えたら、今日は、俺が子どもを迎えに行ける」「助かった！お願い！」みたいなやり取りの中でギリギリの家事育児をこなしていて、仕事と家事がモザイクのように組み合わさっているからだ。このため、働く女性の夫が先に定年退職すると、自然に、家のタスクの配分が変わる。ただ、それだけ。

そう考えると、「定年後問題」の多くは、家の仕事と外の仕事を別物だと思っている夫婦の間で起こることなのだろう。

「外で働く」と「家事」はどちらも、よりよく生きるためのタスクで、「外の仕事」は免れるけど、「家事」は生きている以上、免れない。生きている以上、歯を磨き、お尻を拭くのと同じことだ。

「専業主婦」とは、外でバリバリ働きたい夫のために、「私は彼を支えたいし、外仕事への情熱がそれほどじゃないし、子どもが可愛いし、夫は家事が下手だし」という妻が、外の仕事を捨てて、家事の大半を一手に引き受けた「一時的状態」。

一生、家庭内のすべてを担当するという約束をしたわけじゃない。夫が定年退職して家に入ったら、妻の家事が軽減するのは当たり前だと妻のほうは思っている。定年してなお「家事は妻の仕事」だと思い込んでいる夫は危ない。「手伝う」という感覚もダメなのだ。

「お昼は何？」とか聞いてくる夫の「家事への他人事」ぶりに、妻は絶望していく（家事チームの一員なら、主体的に「お昼はどうしようか？」と聞いてくるのが当たり前である）。その絶望がたまると、女性はある日「この人、なぜ、ここにいるの？」「一緒にいる意味がわからない」という感覚に襲われる。

家事は、生きるために免れない営みであり、生きる喜びでもある。家事に主体的に参加して、自立して生きられることは、人生の尊厳につながっていると私は思う。

義母は亡くなる数日前に、自分で便座に座れなくなったことを悲しがった。他人にお尻を拭いてもらう……。義母は、人間としての尊厳を失った気がしたのだろう。家事は、その尊厳につながっている。家事に長けた妻から見たら、時間があるくせに「俺の夕飯は？」「靴下は？」なんて言ってくる夫は、自分でお尻が拭けるのに「お尻拭いて」と言ってくるのと変わらない。そんな尊厳のない夫を愛せないのは、当たり前じゃないだろうか。「気持ちが悪い」もわからないではない。

歯を磨くように、皿も洗い、お尻を拭くように、床も拭く。それは、生きる営みだ。「主婦がやるべき仕事を、ここらで一つ分担してやろう」的な、他人事な話じゃないのである。

定年、一区切り？　バカ言っちゃいけない、男たち。人生最大の正念場である。

おわりに
～夫婦の時間

先日、NHKの番組で、桂文珍さんと対談させていただいた。セットが昭和なお茶の間なので、ふと思いついて、着物を着ることにした。時は盛夏。うす紫の絽の着物に、オフホワイトの麻の帯を合わせて、涼し気に。

定年退職して家にいる夫に声をかけたら、「ホイホイ」と返事して、着るのを手伝ってくれた。私が着物を肩に掛けたら、なにも言わなくても、背中心を合わせてクリップで留めてくれる。私が丈を見極めたところで、なにも言わなくても、腰ひもを渡してくれる。襟を整えたら伊達巻を。そして、最後はお太鼓をきれいに作ってくれた。

ふとベランダに目を移すと、彼が干した洗濯物が、気持ちよさそうに日に照らされていた。その朝、私が仕掛けた洗濯機が止まったとき、なにも言わなくても、夫が干してくれたのだった。

35年目だなぁと、しみじみと思った。教会のヴァージンロードを二人で歩いた、その日から。

役に立つから嬉しいというわけじゃない（正直それもあるけど、それが一番の理由じゃない）。私の所作を彼が感知して、寄り添ってくれるのが嬉しいのだ。「なにも言わなくても」がミソなのだ。料理を作れば、食器は洗ってくれる。ゴミをまとめれば、捨ててきてくれる。まるでダンスのペアのように、私たちの日常は、寄り添って進む。

もちろん、一日一度はちょっとした小競り合いを、週に一度はそれなりの喧嘩をしているが、同居しているおよめちゃんが、いつも絶妙のとりなしをしてくれているので、この回数も減っていくだろう。

およめちゃんは、女同士（＋息子を深く愛している同士）の絆で、私に深く共感してなぐさめながらも、夫にも「パパの気持ちもわかるよ」と理解を見せる。日常のちょっとした感性が、私と息子、およめちゃんと夫で揃うことが多く、およめちゃんが来たことで、夫は家庭内の立場を強くしているのである。そのうえ、うちのおよめちゃんは、私の本を何度も読む、男女脳論のマスターだから（微笑）。

そういえば、夫婦は阿吽の呼吸までに35年かかる、と、私は『ヒトは7年で脱皮する』(朝日新書)に書いている。

結婚は35年目に、やっと安泰の年を迎える。脳の周期性からそう導き出したのは、10年ほど前のことだ。その日がやってきているのである。私たち夫婦でいえば、まさにその通りになった。

夫婦というのは、本当に厄介な関係だ。

子孫の遺伝子のバリエーションを増やすために、自分にない性質を求めて、感性真逆の相手に惚れる。暑がりは寒がりに、寝つきの悪い人は寝つきのいい人に、せっかちはおっとりに、几帳面はずぼらに。情熱的な人は、クールな人に。

そもそも男性と女性の脳は、とっさの行動が正反対になるようにチューニングされている。事が起これば、ゆっくり気持ちを聞いてほしい女性脳と、すばやく問題解決してやりたい男性脳では、反応が分かれてしまうのだ。

当然、一緒にいて、阿吽の呼吸で、気心の知れる相手じゃない。

結婚の最初は、恋の魔法がかかっているから、何でもカワイイ「あばたもえくぼ」なのだが、やがて、恋の魔法は消えてしまう。

周産期（妊娠、出産、授乳）に入った二人は、生殖戦略のために、いっそう男女脳チューニングが強く働いているので、恋の魔法が消えた後の断絶は本当に厳しい。妻は、一時期、夫がとても煩わしくなり、ことあるごとに「わかってくれない」ことに深く絶望していく。夫は夫で、すっかり変わってしまった妻に、傷ついていく。

脳の罠に落ちないで。この世のすべての夫婦に、それを伝えたい。

遺伝子のバリエーションをできるだけ多く残したい脳は、「一人の相手」を愛し抜くようには作られていないのである。本能に逆らいながら、私たちは、夫婦という舟を沈めずに漕いでいかなきゃならない。

もちろん、本能に逆らわず、いくつもの恋をして生きていく人生だってありだ。私は、脳を見つめる者として、道徳にはあまり興味はない。ただ、「35年目の安寧」を経験するには、どこかで「この人と、最後まで」と決めなければならない。

この本は、「この人と一生を生きる」と決心した女性のために書いた。女の道は、どの生き方を選ぼうとも険しい道のりだ。なぜならば、女を翻弄しているのは、女自身の脳だからだ。脳は常に、「目の前の人より、免疫力の高い相手を見つけようよ」と誘ってくる。恋は色あせて、相手の欠点ばかりが目に入るときが必ずやってくる。それを自覚して覚悟を決めなきゃ、本当の人生は始まらない。「この人じゃなかったかも」なんて、くよくよしている暇はない。別れるか、なんとかしてみるか、その二択しかない。別れられないのなら、なんとかしてみよう。

この本には、その「なんとかしてみよう」のアイデアがいくつも入っている。お役に立てていただけたら、本当に嬉しい。

海に出るなら羅針盤が要る。結婚に乗り出すのなら、妻には『夫のトリセツ』が要る（ちなみに夫には『妻のトリセツ』を）。私から見ると、男女脳のありようを知らずに結婚するなんて、羅針盤なしに素人が深夜に大海に乗り出すようなものだ。命知らず。かつての私がそうだったように（まだ研究が始まってなかったからね）。

この本をマスターしてくださった妻のみなさまは、一等航海士である。そうはいっても、嵐は来る。結婚という航海は、ときには、やっぱり命がけだ。それでも、「航海士には想定内の小さな嵐」におさめれば、船が沈むことだけは避けられる。

この本は、多くの人のお力添えで、ここに誕生した。根気強く原稿を待ってくださった講談社の田中浩史さん、童夢の望月久美子さん、執筆に寄り添ってくれた坂口ちづさんに、心からの感謝を。

そして、なにより、今度はぜひ『夫のトリセツ』を書いてください、と、声をかけてくださった〝妻トリ〟ファンの方々に。そのお声がなかったら、この本は誕生していなかった。『夫のトリセツ』は、当初はまったく書くつもりがなかったのである。とりあえず、世界中の夫が妻トリを読めばいいのでは、と、思っていたので。

人生１００年時代は、結婚70年時代でもある。「結婚の安泰35年」を2セットやることになる。もしかしたら、この先、脳の周期説にも想定外の大きな波があるのかも。脳は、進化の止まらない装置なので、あなどれない。
もしかすると、今後、人生2度結婚が主流になる日がくるのでは……？
まぁ、そうなったらそのとき、新説『夫のトリセツ』を書くこととしよう。
今はとりあえず、この本で、「今の結婚」をなんとかしましょう。お互いに。

黒川伊保子

2019年8月、台風一過の朝に

第4章は、

一般財団法人ひろぎん経済研究所機関誌「カレントひろしま」(連載名「感じることば」)

2017年12月号〜2019年7月号掲載分から、抜粋して収録

黒川伊保子

1959年、長野県生まれ。人工知能研究者、脳科学コメンテイター、感性アナリスト、随筆家。奈良女子大学理学部物理学科卒業。コンピュータメーカーでAI(人工知能)開発に携わり、脳とことばの研究を始める。1991年に全国の原子力発電所で稼働した、〝世界初〟と言われた日本語対話型コンピュータを開発。また、AI分析の手法を用いて、世界初の語感分析法である「サブリミナル・インプレッション導出法」を開発し、マーケティングの世界に新境地を開拓した感性分析の第一人者。近著に『定年夫婦のトリセツ』(SBクリエイティブ)、『女の機嫌の直し方』(集英社インターナショナル)、『妻のトリセツ』(講談社)など多数。

講談社＋α《プラスアルファ》新書 800-2 A

夫《おっと》のトリセツ

黒川伊保子《くろかわいほこ》

2019年10月17日第 1 刷発行
2024年 9 月10日第19刷発行

発行者――― 森田浩章
発行所――― 株式会社 講談社
東京都文京区音羽2-12-21 〒112-8001
電話 編集(03)5395-3522
販売(03)5395-4415
業務(03)5395-3615

KODANSHA

デザイン――― 鈴木成一デザイン室
カバー印刷――― 共同印刷株式会社
印刷――― 株式会社新藤慶昌堂
製本――― 牧製本印刷株式会社
本文データ制作――― 東京カラーフォト・プロセス株式会社
編集協力――― 株式会社童夢

ISBN978-4-06-517889-8

講談社+α新書

マツダがBMWを超える日 クールジャパンからプレミアムジャパン・ブランド戦略へ　山崎 明
日本企業は薄利多売の固定観念を捨てなさい。新プレミアム戦略で日本企業は必ず復活する！
880円 792-1 C

知っている人だけが勝つ 仮想通貨の新ルール　小島寛明＋ビジネスインサイダージャパン取材班
仮想通貨は日本経済復活の最後のチャンスだ。この大きな波に乗り遅れてはいけない
840円 793-1 C

夫婦という他人　下重暁子
67万部突破『家族という病』、27万部突破『極上の孤独』に続く、人の世の根源を問う問題作
780円 794-1 A

歩く速さなのに健康効果は2倍！ らくらくスロージョギング運動　讃井里佳子
歩幅は小さく足踏みするテンポ。足の指の付け根で着地。科学的理論に基づいた運動法
880円 795-1 B

AIで私の仕事はなくなりますか？　田原総一朗
グーグル、東大、トヨタ……「極端な文系人間」の著者が、最先端のAI研究者を連続取材！
860円 796-1 C

本社は田舎に限る　吉田基晴
徳島県美波町に本社を移したITベンチャー企業社長。全国注目の新しい仕事と生活スタイル
860円 797-1 C

50歳を超えても脳が若返る生き方　加藤俊徳
寿命100年時代は50歳から全く別の人生を！今までダメだった人の脳は後半こそ最盛期に!!
880円 798-1 B

99％の人が気づいていないビジネス力アップの基本100　山口 博
アイコンタクトからモチベーションの上げ方まで。「できる」と言われる人はやっている
860円 799-1 C

妻のトリセツ　黒川伊保子
いつも不機嫌、理由もなく怒り出す――理不尽極まりない妻との上手な付き合い方
800円 800-1 A

夫のトリセツ　黒川伊保子
話題騒然の大ヒット『妻のトリセツ』第2弾。夫婦70年時代、夫に絶望する前にこの一冊
820円 800-2 A

自然エネは儲かる！ 世界の常識は日本の非常識　吉原 毅
新産業が大成長を遂げている世界の最新事情を紹介し、日本に第四の産業革命を起こす一冊！
860円 801-1 C

表示価格はすべて本体価格（税別）です。本体価格は変更することがあります

講談社＋α新書

日本への警告　米中ロ朝鮮半島の激変から人とお金が向かう先を見抜く
ジム・ロジャーズ
日本衰退の危機。私たちは世界をどう見る？新時代の知恵と教養が身につく大投資家の新刊
900円 815-1 C

起業するより会社は買いなさい　サラリーマン・中小企業のためのミニM&Aのススメ
高橋聡
定年間近な人、副業を検討中の人に「会社を買う」という選択肢を提案。小規模M&Aの魅力
840円 816-1 C

「平成日本サッカー」秘史　熱狂と歓喜はこうして生まれた
小倉純二
Jリーグ発足、W杯日韓共催——その舞台裏にもまた「負けられない戦い」に挑んだ男達がいた
920円 817-1 C

メンタルが強い人がやめた13の習慣
エイミー・モーリン
長澤あかね 訳
一番悪い習慣が、あなたの価値を決めている！最強の自分になるための新しい心の鍛え方
900円 818-1 A

人間関係が楽になる 神経の仕組み　脳幹リセットワーク
藤本靖
わりばしをくわえる、ティッシュを嚙むなど、たったこれだけで芯からゆるむボディワーク
900円 819-1 B

表示価格はすべて本体価格（税別）です。本体価格は変更することがあります